海上絲綢之路基本文獻叢書

# 歐風東漸史

蔣廷猷 編著

文物出版社

圖書在版編目（CIP）數據

歐風東漸史 / 蔣廷猷編著. -- 北京 : 文物出版社,
2022.7
（海上絲綢之路基本文獻叢書）
ISBN 978-7-5010-7677-2

Ⅰ. ①歐… Ⅱ. ①蔣… Ⅲ. ①西方文化－影響－東方國家 Ⅳ. ① K103

中國版本圖書館 CIP 數據核字 (2022) 第 097843 號

海上絲綢之路基本文獻叢書
歐風東漸史

編　者：蔣廷猷
策　劃：盛世博閱（北京）文化有限責任公司

封面設計：鞏榮彪
責任編輯：劉永海
責任印製：張道奇

出版發行：文物出版社
社　址：北京市東城區東直門内北小街 2 號樓
郵　編：100007
網　址：http://www.wenwu.com
經　銷：新華書店
印　刷：北京旺都印務有限公司
開　本：787mm×1092mm　1/16
印　張：10.625
版　次：2022 年 7 月第 1 版
印　次：2022 年 7 月第 1 次印刷
書　號：ISBN 978-7-5010-7677-2
定　價：90.00 圓

# 總緒

海上絲綢之路，一般意義上是指從秦漢至鴉片戰争前中國與世界進行政治、經濟、文化交流的海上通道，主要分爲經由黄海、東海的海路最終抵達日本列島及朝鮮半島的東海航綫和以徐聞、合浦、廣州、泉州爲起點通往東南亞及印度洋地區的南海航綫。

在中國古代文獻中，最早、最詳細記載『海上絲綢之路』航綫的是東漢班固的《漢書·地理志》，詳細記載了西漢黄門譯長率領應募者入海『齎黄金雜繒而往』之事，書中所出現的地理記載與東南亞地區相關，并與實際的地理狀况基本相符。

東漢後，中國進入魏晋南北朝長達三百多年的分裂割據時期，絲路上的交往也走向低谷。這一時期的絲路交往，以法顯的西行最爲著名。法顯作爲從陸路西行到印度，再由海路回國的第一人，根據親身經歷所寫的《佛國記》（又稱《法顯傳》）一書，詳細介紹了古代中亞和印度、巴基斯坦、斯里蘭卡等地的歷史及風土人情，是瞭解和研究海陸絲綢之路的珍貴歷史資料。

隨着隋唐的統一，中國經濟重心的南移，中國與西方交通以海路爲主，海上絲綢之路進入大發展時期。廣州成爲唐朝最大的海外貿易中心，朝廷設立市舶司，專門管理海外貿易。唐代著名的地理學家賈耽（七三〇～八〇五年）的《皇華四達記》記載了從廣州通往阿拉伯地區的海上交通『廣州通夷道』，詳述了從廣州港出發，經越南、馬來半島、蘇門答臘半島至印度、錫蘭，直至波斯灣沿岸各國的航綫及沿途地區的方位、名稱、島礁、山川、民俗等。譯經大師義净西行求法，將沿途見聞寫成著作《大唐西域求法高僧傳》，詳細記載了海上絲綢之路的發展變化，是我們瞭解絲綢之路不可多得的第一手資料。

宋代的造船技術和航海技術顯著提高，指南針廣泛應用於航海，中國商船的遠航能力大大提升。北宋徐兢的《宣和奉使高麗圖經》詳細記述了船舶製造、海洋地理和往來航綫，是研究宋代海外交通史、中朝友好關係史、中朝經濟文化交流史的重要文獻。南宋趙汝適《諸蕃志》記載，南海有五十三個國家和地區與南宋通商貿易，形成了通往日本、高麗、東南亞、印度、波斯、阿拉伯等地的『海上絲綢之路』。宋代爲了加强商貿往來，於北宋神宗元豐三年（一〇八〇年）頒佈了中國歷史上第一部海洋貿易管理條例《廣州市舶條法》，并稱爲宋代貿易管理的制度範本。

元朝在經濟上採用重商主義政策，鼓勵海外貿易，中國與歐洲的聯繫與交往非常頻繁，其中馬可•波羅、伊本•白圖泰等歐洲旅行家來到中國，留下了大量的旅行記，記録元代海上絲綢之路的盛况。元代的汪大淵兩次出海，撰寫出《島夷志略》一書，記録了二百多個國名和地名，其中不少首次見於中國著録，涉及的地理範圍東至菲律賓群島，西至非洲。這些都反映了元朝時中西經濟文化交流的豐富内容。

明、清政府先後多次實施海禁政策，海上絲綢之路的貿易逐漸衰落。但是從明永樂三年至明宣德八年的二十八年裏，鄭和率船隊七下西洋，先後到達的國家多達三十多個，在進行經貿交流的同時，也極大地促進了中外文化的交流，這些都詳見於《西洋蕃國志》《星槎勝覽》《瀛涯勝覽》等典籍中。

關於海上絲綢之路的文獻記述，除上述官員、學者、求法或傳教高僧以及旅行者的著作外，自《漢書》之後，歷代正史大都列有《地理志》《四夷傳》《西域傳》《外國傳》《蠻夷傳》《屬國傳》等篇章，加上唐宋以來衆多的典制類文獻、地方史志文獻，集中反映了歷代王朝對於周邊部族、政權以及西方世界的認識，都是關於海上絲綢之路的原始史料性文獻。

海上絲綢之路概念的形成，經歷了一個演變的過程。十九世紀七十年代德國地理學家費迪南・馮・李希霍芬（Ferdinad Von Richthofen，一八三三～一九〇五），在其《中國：親身旅行和研究成果》第三卷中首次把輸出中國絲綢的東西陸路稱爲『絲綢之路』。有『歐洲漢學泰斗』之稱的法國漢學家沙畹（Édouard Chavannes，一八六五～一九一八），在其一九〇三年著作的《西突厥史料》中提出『絲路有海陸兩道』，蘊涵了海上絲綢之路最初提法。迄今發現最早正式提出『海上絲綢之路』一詞的是日本考古學家三杉隆敏，他在一九六七年出版《中國瓷器之旅：探索海上的絲綢之路》中首次使用『海上絲綢之路』一詞；一九七九年三杉隆敏又出版了《海上絲綢之路》一書，其立意和出發點局限在東西方之間的陶瓷貿易與交流史。

二十世紀八十年代以來，在海外交通史研究中，『海上絲綢之路』一詞逐漸成爲中外學術界廣泛接受的概念。根據姚楠等人研究，饒宗頤先生是華人中最早提出『海上絲綢之路』的人，他的《海道之絲路與昆侖舶》正式提出『海上絲路』的稱謂。選堂先生評價海上絲綢之路是外交、貿易和文化交流作用的通道。此後，大陸學者馮蔚然在一九七八年編寫的《航運史話》中，使用『海上絲綢之路』一詞，這是迄今學界查到的中國大陸最早使用『海上絲綢之路』的人，更多地限於航海活動領域的考察。一九八〇年北京大學陳炎教授提出『海上絲綢之路』研究，并於一九八一年發表《略論海上絲綢之路》一文。他對海上絲綢之路的理解超越以往，且帶有濃厚的愛國主義思想。陳炎教授之後，從事研究海上絲綢之路的學者越來越多，尤其沿海港口城市向聯合國申請海上絲綢之路非物質文化遺産活動，將海上絲綢之路研究推向新高潮。另外，國家把建設『絲綢之路經濟帶』和『二十一世紀海上絲綢之路』作爲對外發展方針，將這一學術課題提升爲國家願景的高度，使海上絲綢之路形成超越學術進入政經層面的熱潮。

與海上絲綢之路學的萬千氣象相對應，海上絲綢之路文獻的整理工作仍顯滯後，遠遠跟不上突飛猛進的研究進展。二〇一八年厦門大學、中山大學等單位聯合發起『海上絲綢之路文獻集成』專案，尚在醖釀當中。我們不揣淺陋，深入調查，廣泛搜集，將有關海上絲綢之路的原始史料文獻和研究文獻，分爲風俗物産、雜史筆記、海防海事、典章檔案等六個類別，彙編成《海上絲綢之路歷史文化叢書》，於二〇二〇年影印出版。此輯面市以來，深受各大圖書館及相關研究者好評。爲讓更多的讀者親近古籍文獻，我們遴選出前編中的菁華，彙編成《海上絲綢之路基本文獻叢書》，以單行本影印出版，以饗讀者，以期爲讀者展現出一幅幅中外經濟文化交流的精美畫卷，爲海上絲綢之路的研究提供歷史借鑒，爲『二十一世紀海上絲綢之路』倡議構想的實踐做好歷史的詮釋和注脚，從而達到『以史爲鑒』『古爲今用』的目的。

# 凡例

一、本編注重史料的珍稀性，從《海上絲綢之路歷史文化叢書》中遴選出菁華，擬出版百册單行本。

二、本編所選之文獻，其編纂的年代下限至一九四九年。

三、本編排序無嚴格定式，所選之文獻篇幅以二百餘頁爲宜，以便讀者閱讀使用。

四、本編所選文獻，每種前皆注明版本、著者。

五、本編文獻皆爲影印，原始文本掃描之後經過修復處理，仍存原式，少數文獻由於原始底本欠佳，略有模糊之處，不影響閱讀使用。

六、本編原始底本非一時一地之出版物，原書裝幀、開本多有不同，本書彙編之後，統一爲十六開右翻本。

# 目録

# 歐風東漸史

# 歐風東漸史

蔣廷黻 編著

民國二十六年上海普益書社鉛印本

蔣廷黻編著

# 歐風東漸史

林森署

補腎強壯
腎氣丸
主治腎氣虛弱真水不足腰背疲痛自汗盜汗貧血病後虛憊婦女血虧宮冷不樹神經衰弱頭暈目眩產後虛損
上海佛慈藥廠發行　虞洽卿路卅九號　電話九〇六三一

# 歐風東漸史例言

一　本書第一章所載之事實至一千八百年為止

二　第二章所載之事實繼第一章而起但一千八百年以前之事第一章中未及詳述者述之於第二章

三　本書記載之年月概用西曆惟關於中國之事實仍用中國年曆附以西曆

四　本書第二章記述中國被壓迫之事實較其他各國為多故特分為門戶之開放及邊疆之侵削二節

五　本書記載亞洲諸國被併吞及被壓迫之情形略以時間為次惟土耳其一節中附有十字軍一役

六　本書所載之事實至一九三〇年為止

歐風東漸史

二

# 歐風東漸史

## 自序

作人心之樞紐者其惟文字乎人民在困守之時宜用文字以促進之在蟄伏之時宜用文字以激動之在安逸之時宜用文字以怵惕之在危急之時宜用文字以發奮之近百年來非澳二洲分割殆盡衆矢之的集於東亞中國飄飄風雨飄搖居危苟安國何以存則宜有文字以喚醒而發奮之矣喚醒而發奮之莫若將已往之事實陳其利害得失已往之事實多矣莫若將歐西與亞洲最有關係之事實就其東來者舉要述之然而各國之文字不同史册之搜求非易舉一漏百失之寡陋雷門佈鼓貽笑大方竭愚鈍之力作覆瓿之物未有不誚我之拙者然坐視國人之夢然如醉任人宰割而默無一言吾何忍哉此本史之所以作也是書稿凡數易寒暑幾更今日成於客鄉之中風雪一天寒鴉數點濡筆書此以弁諸端覽是編者其亦動愛國之忱興盛衰之感也乎

民國二十四年仲冬之月蔣廷黻序於金陵之五柳書堂

# 歐風東漸史

二

# 歐風東漸史目錄

歐風東漸史　目錄　四

第五章　習俗之移人

歐風東漸史目錄

八

# 歐風東漸史

## 第一章 緒論

### 一 本史之目的

歐風東漸史。何爲而作乎？欲知其原由，先問中國現有之形勢可也。形勢若何？則猶如一葉扁舟，飄搖於大海之中，四顧茫茫，而風吹浪擊矣！然則危險若此，而造成斯形勢者，須有一定之背景，過去之歷史，皆造成現有形勢之背景也。我國自鴉片戰爭以來，歐西列强，揭穿中國之弱點，爭先恐後，鼓舶而東，視中國爲東亞之几上肉，無不思攫而食之；於是我國備受其壓迫，訂種種不平等條約。藩籬盡撤，門戶洞開，至今歐西列强，猶未稍抑其侵略之心，將來之危機，有不忍言者！用是將歐西與亞洲最有關係之歷史，舉要述之，以亞洲之中日二國，爲歐西之主要對象，以日本之維新崛起，爲中國之比例，使我同胞鑒往知來，發奮爲雄者，是書之目的也。

### 二 本史之範圍

史之種類多矣，述國家狀態者，曰，政治史，述社會狀態者，曰，文明史，述戰爭之情形者，曰，戰爭史，述國與國間交際之情形者，曰，外交史，述一國之政治文明者，曰，國別史，合各國政治文明而析述之者，曰萬國史，史之名稱不同，而史之範圍亦異，；歐風東漸史者，述東西洋之關係也，又非盡述東西洋之關係，究其東來而略其西往，就其來者而言，則歐西之政治勢力，物質文明，以及通商締約等事，與亞洲發生關係者，靡不畢載焉。

# 第二章　古代東西洋之關係

## 一　古時東西之交通

### 甲　亞歷山大王之東征及羅馬人之征服西亞

希臘半島之北，有馬其頓(Macedonia)者，其人自稱與希臘同種，紀元前三百五十年頃，因其王腓立二世(Philip II)之雄略而勃興，腓立子亞歷山大(Alexander)，亦英明有大略，；即位後，先平判黨，欲擴大馬其頓之霸業，紀元前三三四年，(我國東周顯王三十五年)遂有東征波斯之事，與波斯兵戰於嘎尼庫(Grnicus)河，再戰於壹蘇灣，(Issus)皆大破之，時有勸王長驅入都城者，王以腓尼基人，長於海戰，恐為後顧之憂，乃移兵滅之，順道入埃及，埃及人不戰而降，王築城于尼羅河口名亞歷山大里亞(Alexanderia)，旋復東歸，直搗波斯中心，次於尼尼微(Nineveh)附近之阿比拉(Arbela)，大敗波斯兵，其王達理阿(Darius)東走被害，亞歷山大王率軍東進，過帕提亞(Parthia)巴克特里亞至身毒(即印度)，所過納表請降，猶欲引而東，因將士思歸，乃還，紀元前二百一年，馬其頓王腓立第五，與敘里亞王約，共擊小亞細亞諸邑，別伽摩(Pergamus)等小國，惴惴自保，求救於羅馬，羅馬遣使調停，不聽，遂於前百九十九年，出兵攻馬其頓大戰兩年，卒勝之，前百九十二年，以希臘事，與敘里亞開戰，初戰於希臘地方，大敗之，遂渡海而東，伐其國，敘里亞不支，請和，約以後不干涉歐洲事，並以小亞細亞諸邑歸羅馬，於是羅馬之勢力擴於亞洲。

### 乙　歐人之漸知東事與東西文化之融洽

紀元前五百年，希臘之彌萊托司(Miletos)島人海家敦氏(Hekataias)，已明記印度之事，亞歷山大王東征後，奄有中亞及印度之北部，王思融合東西文化，以固國基，自與波斯王之女結婚，命部下將士，亦悉娶波斯婦女，又採用波斯之風俗習慣，轉輸希臘文化於東方，而冀東西人種之漸相融合，亞歷山大歿，其事業遂中頓；然東西文化之接近，此其肇端也，及賽陸克斯(Seleucos)襲大王位，管轄亞細亞諸領土，更廣播希臘之文明於其地，其使臣梅格斯曾(Megasthenes)，留印度之摩揭陁國(Magadha)首都怕奈(Patna)，著有印度誌，使西人周知東事，紀元前二百五十六年，王孫安帖格托斯(Antiochos Theos)又與旃陀羅笈多王之孫阿輸迦王別訂條約，以敦睦誼，希臘文明，遂長驅入印度，印度之工藝技術，爲之一變，羅馬盛時，東征小亞細亞西利亞阿剌伯波斯等地，且與拔克德利印度等往來，紀元前百年間。（我國漢武帝時）。已有羅馬人至中國朝貢，（其事詳見下節）史稱元封三年，大秦國貢花蹄牛，大秦卽羅馬也，又稱張騫使西域，傳入植物十餘種，而橫吹胡曲，希臘文明，傳入中國，東西文化之融洽可知；惟因中間有安息之阻隔，遂致兩大文明國，不能有直接之交通，祇望見一二螢光，兩方雖皆有記載，而語焉不詳，西人之記東事，更屬罕見，迨紀元八九十年之交，有愛立斯蘭海迴航記(Periplus of the Erythraean Sea)及一世紀中葉，托來米(Ptolemy)之地理書出後，然後歐西著述之士，言印度中國者甚衆，歐人之東方地理知識，既較前更進一步，而文化融洽之力，亦隨之增進矣。

### 丙　東西史家記載我國兩漢時代中歐交通情形之比較

中國史家關於羅馬之記載，謂大秦國處西海，（大秦卽羅馬也），近於日所入，故又號海西國，東西南北各數千里，小國役屬者數十，其王治濱測河海，以石爲郭城。（羅馬城位于梯伯(Tiber)距海僅數十里，其皇與古斯都，自誇卽位後，給羅馬國都大理石城）。人居星布，其人長大。（比今之意大利人長）。其王無有常人，皆選擇賢者。（指其共和政治而言）。元封三年，大秦國貢花蹄牛。（爲歐人至中國之始）。其後又貢香膠及吉光裘，漢武帝初不知其可寶，後詢其使者，知香膠續絃不斷，吉光裘入水不濡，入火不焚，乃寶藏之，漢和帝永元九年（西曆紀元七九年），都護班超遣甘英使大秦，抵條支，歷安息，臨西海欲渡，安息西界船人謂英曰，海水廣大，渡者皆多齎糧食，遲者須數載而達，故往往思鄉而死者甚衆，甘英乃還，永寧元年，（紀元百二十年）撣國王遣使來朝　獻樂及幻人，能變化吐火，又善跳丸，數乃至千，自言係海西人，桓帝延熹九年，（紀元百六六年）大秦王安敦遣使自日南徼外獻象牙，犀角，瑇瑁，（安敦卽羅馬國麻阿斯奈雷烈斯安拖尼諾斯（Marcus Aurelius Antonius）皇帝故當是稱天下有三衆，中國人衆，月氏馬衆，大秦寶衆，此中國關於羅馬之記載也，（以上各項事蹟，散見於前後漢書，及東方朔之海內十洲記，劉歆之西京雜記，康泰之外國傳張華之博物志等書中，不詳細臚列各家之記載，而舉要揭出者，蓋使人便于閱覽，而刪去附會不足深信之說也），　至於羅馬史家關於中國之記載，則謂賽來斯（Seres）與秦尼（Sinae）二國，版圖甚大，人口衆庶，東界大洋，為居世界之極東，西界伊毛斯（Imans），（卽葱嶺），與拔克脫利亞（Bactria）（卽大夏）之境界接近，人民開化文明，性情溫和儉樸，行政公平，不喜與鄰國戰爭，以絲為貿易大宗，（見羅馬著作家梅拉（Pomponius Mela）與白里內（Gaius Plingthe Elder）之書中），又與古斯都（Augustus）皇帝在位時，功德溢於四海，印度及賽來斯人，亦皆遠自萬里，慕羅馬之光榮而來朝也，（見羅馬史家佛羅魯斯（Florus）之史記中，）此羅馬人關於中國之記載也，其中慕羅馬之光榮而來朝等語，雖屬於自誇，而中國人至羅馬之事實，可以證明，閱兩方之記載，漢時中歐之交通可以知矣。

## 丁　東西交通之漸盛

三國時，孫權遣宣化從事朱應，中郎康泰使扶南，歸而有外國傳之作，同時羅馬賈人秦論來朝孫權，至周武帝天和年間，（紀元五百六七十年間），東羅馬與西突厥已通聘，故降及隋唐，而東西之交通頻繁，七世紀初葉，東羅馬史家席摩喀塔(Theophylactus Simccata)之莫利斯(Maurice)皇帝大事紀中，載中國事甚詳，唐開元七年，西曆七〇九年，有羅馬大德僧來朝，今人多譯大德僧為總主教(Achbishop)當時我國研究羅馬之鑛石及動植物者亦漸多，如蘇恭陳藏器段成式等，皆其中之錚錚者也，惜我國讀史者，未加注意耳！降及元代，太祖，太宗，先後大破歐人，（元太祖十八年至太宗十二年，西曆一二二三年至一二四一年），席捲俄羅斯旋敗波蘭德意志聯軍，四鄰震恐，羅馬法王衣諾遜德四世，遣僧柏朗嘉賓(John of Plano Carpini)至蒙古，法蘭西王路易九世，遣魯勃羅克於西曆一二五三年，發康士丹丁轉至蒙古，進謁憲宗帝，嗣後西人之東來，較前尤衆，元世祖忽必烈時，有意大利人尼古羅孛羅者(Nicolo Polo)與其弟馬斐孛羅(MaffeoPolo)經商來中國，元帝遇之甚厚，歸時，囑其呈書羅馬教皇，約重來，故一二七一年，尼古羅孛羅偕其弟，及子馬哥孛羅(Marco Polo)，攜教皇格來古利十世之報書至北京，與其從者留世祖朝，凡二十一年，馬哥孛羅曾為楊州知事，一二九五年，護送一貴女自元嫁㨁羣汗，由海道渡波斯，乃歸維尼斯，後與維凡斯格隨諸戰於康俗拉(Curzola)一役，大敗被擒，入獄，獄中無事，述其在東方見聞者，陸斯帖溪(Rusticiano)筆記之，是為東方見聞錄書中甚誇東方之富庶，雖多失實處，而甚足以動西人遠遊東來之心，當時意大利僧與代理谷(Odoric)亦為大遊歷家，曾經康士丹丁出阿爾梅自排格大持偏歷波斯印度沿岸及錫蘭島，旋達蘇門搭臘而至廣東，經泉州福州杭州南京等處而至北京，遇布教者蒙德康文諾(John o Montecorvino)留三年而歸，亦有遊記，西曆一三四二年，又有僧馬利拿立(Marigno'li)自法來華，留數來而歸，東西交通，雖逐漸繁盛：然一東一西，間隔重重。陸路則深山砂漠，崎嶇不平，水道則天空海闊，渡無方針，欲尋標準路程，計日而至，則端賴新航路之發見矣。

## 二 印度通航後歐西各國東來之情形

從亞洲至歐洲，陸路有四；一自西伯利亞踰烏拉嶺入歐俄，二自蒙古經天山北路，出鹹海裏海之間、三自天山南路踰葱嶺，四自前後印度西北行兩道並會於西亞．此四路皆遼遠難行，自歐洲至東洋之海路；一為由敘利亞出幼發臘斯底河港口，二為泛黑海自阿美尼亞上陸，出底格里斯河流域，兩路均入波斯灣，三為由亞力山大里亞，溯尼羅河而出紅海，一二兩路、自土耳其興後，均入土人之手，第三道又通行不便，土耳其人與歐人宗教不同之故，常加敵視，對歐洲商人頗多留難；於是歐人不得不另覓新航路，結果，繞非洲南端而入於太平洋之新航路，竟為葡萄牙人所發現矣：其能發現之原因：一為地理知識之發達，自十字軍後，東西貿易頻繁，皆知亞洲之廣大，而馬哥孛羅(Marco Polo)之東方見聞錄，道其富庶，尤足以動西人之心，二為磁針之傳入，磁針自中國傳入歐洲後，航海者用之而方向明，新航路發現之原因為此，而發現此航路者，則葡人佛斯古達格馬(Vasco da Gama)也，彼於一四九七年七月八日，發國都利斯蓬，乃巡航非洲南端，至一四九八年五月二十日，達印度馬拉排爾海岸(Malabar Coast)之加力克德(Calicut)馬，自此以後，東西之交通日盛，西人之東渡者日衆矣！茲分述於下：

### 甲　葡萄牙

新航路之發現，實葡萄牙王獎勵航海之效果也，(見附註)當時既發現馬拉排爾海岸，尚難以為貿易之地，蓋不徒土人所在排斥葡人，埃及亦因葡人廢其舊路，故與維尼斯人共援土人，至一五〇九年，葡國阿爾馬大，(Almeida)率大軍來印度，破埃及軍於堤湖(Diu)後，葡人在東洋之勢稍定，及阿爾白開克(Albuquerque)為總督，於一五一〇年，取古埃(Goa)，翌年，取麻剌甲(Malacca)，一五一五年，取波斯灣之屋馬慈(Ormuz)島，而後葡人之勢力益盛，西自阿剌伯海岸，東至麻剌甲，均有貿易地，他若錫蘭(Ceylan)蘇門搭臘(Sumatra)爪哇(Java)麻剌甲斯諸島，及中國之澳門，日本之長崎亦皆通商，以古埃為中心焉，至於葡人始來中國者，為潘來斯德魯(Rafel Perestrello)，彼於一五一五年，已奉命來華，時佐治(Jorge d'Alboquerque)為麻剌甲總督，至一五一六年八月十二，無回音，乃復遣安特拉德(Fernao Perez d'And rade）來華，無功而返，抵麻剌甲，潘氏已至中國獲利而歸矣！一五一七年六月，總督復遣安特拉德來中國，同行者有皮來資（Thomas Pirez），至廣東，求締約，中國默許其經商於澳門，未與特權，使泊上川島，嗣後葡商來者日衆，一五二一年，皮來資由廣東至北京，欲拜見正德帝，因廣東官吏，奏葡人惡事多款，謂其冒混商賈，偵探國情，於是不獲召見，會正德帝崩，中國官吏命葡人退出。不聽，率艦攻之，葡人大敗，損傷頗多，是年六月事也，皮來資至廣東，被補下獄，然葡人來者，仍踵相接，一五三七年時，廣東附近葡人居留地，有上川電白澳門三處，此外寧波泉州亦多葡商出入。嘉靖二十四年，亞曆一五四五年，寧波居民，因葡商結黨擄掠婦女，屠教徒一萬二千，焚商船二十七艘，二十八年，西曆一五四九年，泉州葡人亦為吏民所逐，同年，葡政府以澳門為殖民地，置守官治之，明政府亦不之拒，萬歷元年，亞曆一五七三年，明政府無故於澳門近旁，築壁壘為界，默認為葡人自治地矣！

乙　西班牙

西曆一四九二年，意大利水手哥倫布斯（Columbus），奉西班牙女王依薩伯拉之命，率艦三艘，水夫百二十人出發，閱七十餘日，而發現西印度羣島，於是西班牙政府遠略之心益熾，期達迴航世界之目的，一五一九年，加羅一世遣其臣麥哲倫（Magellan），率艦隊自大西洋通過亞美利加南端而達太平洋，發現菲律賓羣島，開大西與太平洋航路之始，至一五六五年，我國嘉靖四十四年，西王腓利布二世，遣將勒迦斯比(Legaspi)取菲律賓為殖民地，以馬尼剌為都會，勢力伸於台灣，萬曆二年，西曆一五七四年，中國豪商李馬奔率武裝帆船六十二艘，水陸兵各二千，進逼菲律賓，敗退居呂宋西岸之格發諾河口，福建總督聞之，發兵往偵之，西班牙人聞而欲乘機結通商條約，其知事遂派僧侶馬丁拉達為使，齎書獻物，始通中國，萬歷八年復遣使來中國，求締商約，為葡人所間，不果，然中國商人，貿易於菲律賓者日衆，福建廈門漳州及福州各商人，趨之若鶩，喧賓奪主，西人忌之，乃於一六〇三年，我國萬曆三十一年，下令屠殺，華人二萬餘，幾無一留，不久，人數又增，一六三九年，我國崇禎十二年，再下令屠殺，三萬五千華商之中，生者僅三份之一，嗚呼！慘矣！其後又設法限制華商至菲律賓，人數不得過六千名，每人每年須納人頭稅六元，並須入教堂受洗禮，奉天主教，限制綦嚴，而華商往者，仍絡繹不絕也。

### 丙　荷蘭

荷蘭者繼葡萄牙而握東洋之商權者也，荷人尚往來於葡萄牙國都利斯蓬，營轉販之業，一五八〇年，西班牙王腓利布兼葡萄牙王統以來，因荷蘭人為本國叛民，遂於一五九一年，特令禁荷蘭人出入於利斯蓬，荷人因此不得努力於東洋貿易，以圖補救，一五九五年，荷國堪內烈斯譚德孟(Cornelius Houtman)率船隊由推克賽爾(Texel)解纜後，力抗葡人於海上，卒視察蘇門搭臘爪哇馬獨拉諸島而歸，於是荷人競派遠征隊至東洋，使馬海(Mahay)諾德(Noort)等率之，遂得出入於爪哇蘇門搭臘麻剌甲斯等島。一六〇二年，荷蘭創立東印度公司，得本國政府之許可，於殖民地有置兵，罷吏，及與所在國宣戰議和之權，其東印度公司之資本，為一千四百二十一萬一千六百四十八羅布，合二千百五十三股而成，創立三十年後，已有兵船八百艘，於是驅逐葡人，排斥英人，貿易日本，博得日本人之歡心，獲利獨厚，遂建巴達維亞政府於爪哇，為東洋貿易之中心焉，至於荷人之來華，據倫瓦丁（Valentyn）所著之荷蘭東印度公司書中，謂始於一六〇三年，荷人至中國領海，泊澳門，毀葡人巨艦一艘，一六二二年，我國天啟二年，荷人賴佑孫（Kornelis Rayerszoon）率艦攻澳門，葡人與中國共擊之，荷人敗退，據澎湖島稱其地為排斯克陀爾摩島（Pescadores），嗣後與土人不相和，又受明軍突擊，乃逐西班牙人於台灣，代領全島，力加開拓，會滿清入關，巴達維亞總督，遣使至北京，請互市，廷議許其商船八歲一至，船數以四艘為限，此順治十三年，西歷一六五六年事也，一六六一年，明遺臣鄭成功因謀復金陵不成，率兵二萬餘至安平，圍之，閱九月，荷知事克德（Coyet）乃出降，於是被荷蘭占領三十七年之台灣，遂為鄭成功所有，其後荷人屢助清兵破鄭氏，欲求報償，終無所得，至十八世紀之半，勢力寖衰矣。

### 丁　英吉利

英人之從事東洋貿易，與荷蘭同時，一五七九年，德瑪斯第芬（Thomas Stephens）自印度呈書其父，備述東方情形，而英人與印度直接貿易之心動，此外英人熱心東洋貿易之原因；一由於一五八八年，英國擊破西班牙艦隊，此時葡已見併於西班牙，思東進挫葡人之勢，二由於一五九三年，捕獲葡船一艘，能容一千六百噸，滿載東洋貨物，而為之心動，三由於轉賣之物，價值太昂，故於一千六百年，創設東印度公司，股主百二十五人，資本金七萬鎊，竭力經營印度大陸，與葡人屢起戰爭，葡卧亞總督，以屢敗之餘，與英結休戰條約，許其出入澳門，一六三六年，我國崇禎八年，英王查理一世，投資一萬鎊為東印度公司股東，任命威德爾(Weddell)為公司主任，蒙忒内(Mountney)為總經理，授以軍法全權，欲來華訂商約，抵卧亞，葡總督待之甚冷，翌年，威德爾離卧亞至交趾麻剌甲等地，設立貨棧後，即來澳門，求互市，為葡人所阻，繼請於廣東政府，又為葡人所讒，不許，移艦進虎門，被中國守兵砲擊，威德爾怒，率艦應戰，數時而砲台陷，廣東總督大驚，遂與議和，許其於廣東河口通商，一六六八年，英王將孟買(Bombay)一地，捐入東印度公司，由此英人之貿易地暴增，勢力之大，無有倫比，而孟買地方，乃葡人於英王查理二世大婚時，用以贈王后者也，惟在中國之貿易不盛，一七一一年以來，英人之通商地方，雖有舟山島及台灣之安平，福建之廈門，而課税繁重，獲利無多，一七九三年，我國乾隆五十八年，英政府遣馬格爾尼(Earl of Macartney) 為大使，攜書獻物，請改良待遇，清廷目為貢獻使，强行叩頭禮，不達目的而返，嗣後派阿姆哈司 (Amhenrst) 來華，亦無功而返，一八〇〇年，我國道光十六年，英派甲必丹義律(Captain Elliot) 為領事，駐廣東，此時鴉片之輸入甚盛，

戊　俄羅斯

西曆一五五八年，俄國伊温四世，以烏拉嶺麓之地，歸與斯脫落格夫 (Gregory Strogonof)，斯脫落格夫遂直越烏拉嶺為侵略亞洲之計，見烏拉附近之通古斯族之首嶺義耳麻克(Yermak Timofevitch) 足與有為，乃使率軍侵西伯利亞，相機而動，一五六七年，我國明穆宗隆慶元年，俄派彼得羅甫 (Petroff) 及雅理歇甫 (Yallysheff)，由陸道至北京，適隆慶帝登極，而二人皆未攜禮物，故未得見、一五七九年，義耳麻克得俄帝之許可，侵入西伯利亞之意而的希 (Irtish) 及俄比河 (Obi) 之地，沒於陣，是為俄國勢力展於亞洲，侵西伯利亞之始，而當時俄人之亞洲地理知識，尚未發達，一六一八年，我國萬曆四十八年，俄皇邁克爾梯多羅維樞(Michael Theodorouich)在位時，托博爾斯克城(Tobolsk)長官，遣可薩克人斐德林(Lvashoko Petlin)及曼多福(Ordrushka Mandoff)二人，踏查俄比河上流諸國及中國。歸後，有詳細記載，原文存於聖彼德堡皇家圖書館，一六四九年，俄著名遠征家卡罷落夫(Rhabaroff) 率軍侵略黑龍江地，始於滿洲衝突，一六六三年，俄建雅克薩 (Albazin) 之要鎮，一六八五年，我國康熙二十四年，清將彭春攻雅克薩城，拔之，退而復為俄據，清軍復圍之，俄守將中流丸歿，培登(Beiton) 代之，死守不克，乃於一六八九年，我國康熙二十八年，締尼布楚條約，其主要者如左：

一　自黑龍江支流格林必齊河，沿外興安嶺以至於海，凡嶺南屬中國，嶺北屬俄國，

二　西以額爾古納河為界，南屬中國領，北屬俄國領，

三　毀雅克薩城，凡俄國住民及用物，盡行遷往俄境，

四　兩國獵户人等，不得擅越國界，違者拿獲後，送該管官處罪，在十人或十五人之團體犯禁者，奏聞正法。

五　兩國人民，帶有往來文票者，許其貿易不禁，

此約締結後，東北邊境之紛議漸定，我國清聖祖時，喀爾喀內附，俄國素與喀爾喀土謝圖部有貿易關係，故中俄之互市與境界問題遂起，西曆一七一九年；康熙五十八年，俄遣使請改訂商約，不得要領而歸，至一七二七年，我國雍正五年，中俄締結恰克圖條約，以恰克圖小河溝，俄國卡倫與鄂爾懷圖山，及我國卡倫之中央地方，立碑為界，清高宗時，俄人渝約，私課貨稅，又邊人互失馬匹，俄人輒以少報多，移文責償，高宗遂令封鎖恰克圖市場，至一七九二年，乾隆五十七年，高宗與俄訂恰克圖互市新約，大旨責其須恭順知禮，於是兩國商民，得和平互市者多年，然俄人侵略西伯利亞之志，未尚少息也。

### 己　法蘭西　德意志　普魯士

自西曆一六〇四年以後，法蘭西亦屢設東印度公司，惟政府方針無定，國人欠忍耐性，故興廢不常，德意志亦曾設貿易場於印度，一七二二年，創立屋斯敦德會社(Ostend Company)，因荷人英人多方害之

：遂於一七二七年，由德帝下令廢止，普魯士於一七五三年，設立之孟加臘會社，亦因荷人英人之害而倒馬。

## 三　新航路發現後西人在日貿易之競爭

發現新航路者，為葡萄牙人，則最初至日本者，亦為葡萄牙人可知矣！一五四二年，葡人門特司（Fernam Mendes Pinto）遇暴風於中國海岸，與其同行者二人，漂至日大隅之種子島，舟中貨物，半為售罄，是為歐人至日本之始，其後葡人往日者漸衆，得定貿易場於平戶，一五八三年，林思古敦乘葡國船至日本，林思古敦者，荷蘭人也，為荷人至日本之始，歸以日本之情狀語國人，於是荷蘭派遠征隊至日，一六〇九年，亦得定貿易場於平戶，一六一一年，英國薩立司率艦往日，與荷人衝突於海上，閱年而達平戶，謁家康於駿府，呈國書，至江戶謁將軍，旋至駿府得貿易許可狀，英荷葡三國商人，旣萃於一處，不得不發生利害衝突！一六一九年，英荷二國，聯合排斥葡西二國人於東洋，（葡國於一五八〇年，為西班牙王腓立二世所併，是時變為同國人，共同經商，）閱二年，英荷二國之聯合破，相與在海上作急烈之競爭結果，荷人排出英人於平戶，復欲斥葡人，不得出入於長崎，乃竭力博得德川幕府之歡心，而隱讒葡人布教之意，一六三七年，島原之耶蘇教徒，據有馬之古城而起亂，荷蘭商館主尼古拉斯（Nicolaas Kockb akker)乃進援幕府平亂，於是荷人更得幕府之歡心，葡人之在日者，悉遭驅逐，出島為空，一六四一年，荷人遂得移居是地，在日之貿易，除中國外，無有與之並峙者矣，荷蘭物品之輸日者，有生絲，毛布，香木，染料，眼鏡，砂糖等，貿易之初，絕無制限，獲利殊多，其後漸加限止，利益殺減，一七一五年，定正德新例，制度為之一變，外來商人嚴加裁制，船數商額，皆有限定，荷人之商業亦衰矣。

## 四　支那與賽來斯名號之研究

西人稱中國曰支那(Tzinista)，羅馬時代稱中國曰賽來斯(Seres)，按支那二字之起原，其說有二：一謂『秦字之轉音，昔秦始皇滅六國。一四海，逐匈奴，築長城，威振中外，故其國名亦遠播他方也，』一謂『自古馬來地方之民，呼今日中國之南部為支那，及西人探訪印度之事，支那之名，亦為查得，由是西人稱印度之東北曰支那』，二說以後者較為可信，至於羅馬時代稱中國為賽來斯，按即絹之意也，古時中國之絹，輸送至歐洲者甚多，羅馬著作家白里內(Gaius Pling the Elder)之博物志(Natural History)中，(白里內生於紀元二三年，歿于七九年，)有關於中國之記載，謂「賽來斯之絹，最投羅馬人嗜好，羅馬與印度賽來斯及阿刺伯通商，每年流出一萬萬賽斯透司」(見附註)蓋當時羅馬情形，無異現代中國人之好衣洋服，好用洋貨，近代西人在山西掘得羅馬古錢，西方貨幣之輸入中國，可以證明，當時商販往來之盛，可想而知矣，然除上述以外，歐人對於中國之名稱，尚有多種，為震旦，真丹，克泰，加瑞等。論者謂前二者之名，震真兩字，皆係「支」之轉音，後二者之名，則為「契丹」之轉音云。

附註：(一)葡萄牙王之獎勵航海葡萄牙王亨利(Henry)，盛獎航海，召集各大地理家，研究迴航非洲，達東印度之航路，後遂發見大西洋之薩多等島，王歿，此風頓措，至約翰第二王(John II)復獎勵之，紀元一四八六年，地亞士(Bartholomew Diaz) 始達非洲南端，以其地風怒濤吼，名之曰大浪山(Cado Tormentoso)，王得報甚喜，更名曰好望角 (Cape of Good Hope)故至紀元一四九八年，而有佛斯古達格馬之發見東印度。

(二)賽斯透司(Sesterces)羅馬貨幣之名也，載爾馬(Delmar)計值今英金七萬鎊，合華幣七十萬元。

# 第三章　西力之東侵

## 一　亞洲諸國被併吞之情形

### 印度

印度古稱身毒，亦稱天竺，在印度支那半島之西，中亞之南，與中國文化上最有關係之國也，新航路發現以來，各國經營印度之情形，已略見前章，而印度卒歸英人之掌握者，果何道乎？此又不得不記述者也！英人於一六一二年後，得蒙兀兒(Mughar)帝國(見附註)之許，而定蘇拉德(Surat)為貿易場，一六三四年以後，又得出入於孟加拉(Bengal)地方，其侵略印度之動機，在屢受印度土人之刼掠，當一六六一年間，印度土酋互相侵害，常波及於英商，一六八六年，孟加拉土酋，藉沒英商貨財，英人始退而築威廉（William)堡於加爾各答北境，一七零九年，英國合新舊公司而為東印度商會合衆公司，時蒙兀兒帝往往南征，南境之麻剌他人，恆出侵掠，英人患之，始議據地以自衛，議行三策：一、為估貨徵稅以供餉糈，二、為訓練重兵，須足備二十處之不虞，三、為當於印度置一英屬國，議既定，即舉保星約翰緯爾為孟加拉總知事，兼督水師，握和戰全權，是為英人吞併印度之本張，當時法人亦竭力經營印度，設有東印度公司。以本地治利(在南印度東岸，麻打拉薩之南，)為根據地，與英埠聖查理斯(在麻打拉薩)密邇，互爭權利，時相傾軋，印度土人深惡英人而信法人，欲連法以拒英，至一七四一年，本地治利知事杜伯雷(Jose-ph Francois Dupleix)，察印度情形、以蒙兀兒帝國，終必分裂，乘諸候紛爭之際，欲佔領其地，擴張本國勢力;惟患英人對抗，乃因印度土人之深惡英人，而合力排英，當時歐洲有奧地利王位繼承戰爭，(見附註，)法與英為敵，兩國人民在印度者，本時起衝突，一七四三年，英法兩國之軍戰於印，英軍敗績，一七四六年，法軍攻麻打拉薩，佔森多德比砲台，時英將克萊武(Lord Robert Clive)已厲兵秣馬，預備奮起與法人爭，恢復其地，一七四八年，奧地利王位繼承戰爭結局、二國在印度之兵亦旋弭，然杜伯雷野心勃勃。機警多智，用歐洲兵法，訓練印度土人，而以歐洲兵官指揮之，使其同種自相殘殺，一餌各省疆吏以榮利，挾其平昔之權勢，以號令人民，而使之服從，故法國在印度之勢力日見擴張，南印度之權，悉入杜伯雷之手，英國在印度之勢力，亦將為所踣，克萊武投袂而起，當法軍攻印度之謨呵默大利(Mahonied Ali)於赤立慶諾撲雷(Trichinopoly)時，克氏先下挨谷德(Arcot)據之，以救謨呵默大利，法軍圍之，不能克，尋英將陸倫斯(Lawrence)率兵來援，合擊法軍，大破之，迭陷法人經營之諸要地，杜伯雷乞援於其本國，不應，英人復縱反間於法政府，一七五六年，杜伯雷被召還國，兵亂遂息，未幾，歐洲有七年戰爭，英國援普魯士，法國助與大利，二國復失和，其旅居印度者，亦復交兵，當時英人所尤憤者，則為一七五六年。新任孟加拉領主蘇拉耶杜拉(Surajah Dowlah)對英人之舉動也。英人之積極侵略印度，實開始於是，蘇氏深惡住居加爾各答之英人，掠英人一百五十，幽閉於加爾各答之暗屆，時正六月，翌晨開之，有生氣者，僅二十餘人，克萊武聞此急變，大怒，率軍來攻，大破蘇氏之軍於加爾各答北方之皰剌賽(Plassey)當時法人雖多方援助領主，亦無能為力，克萊武遂擁立彌爾迦弗為領主，彌爾迦弗(Mir Jafar)賂英人以英金二兆六億九萬七千七百餘磅，並割加爾各答四周圍地二十四鄉以畀之，共八百八十二方英里，旋法人欲圖報復，使將軍布西(Bussy)守德干，薩黎(Sally)率兵進攻，後皆為英將古多(Coato)所擒，一七六零年事也，由是法人不敢再與英人爭，英人之勢力，次第加高，時克萊武為孟加拉知事，以財政兵馬之權歸諸會社，行政司法之權委之領主，印度人受收稅吏之虐待，不堪言狀，克來武去後，會社財政，日益紛亂，一七七一年，孟加拉大饑，印度人民，困苦尤甚，呼庚呼癸，莫之我聞，一七七二年，英國哈士丁斯(Hastings)為孟加拉知事，英爽有才，一七七四年，升任印度總督，廢克萊武政策，徵稅由會社自理，司法權亦歸會社，且干涉土豪之紛爭，屢得巨額，以補會社之不足，英人之勢力，又因之一振，乃遣兵侵略土地，自一七七八年起，西征麻剌他，南攻買索爾德干，用兵六年，印度大半，歸其管轄，然克氏與哈氏皆以東印度公司職員、為私立會社之事業，侵略印度，人多非之于英政府前，英政府知公司不可無監督，一七八四年，英首相比的(William Pit the Elder)提議置監督會議所，監督印度公司，於是公司非得其許可，不得與印度土人結約及交戰，一七八二年，哈士丁斯歸國，一七八六年，康淮立斯(Cornwallis)繼為印度總督，定田制地租，使行政權與司法權分立，設裁判所於各地，以決訴訟，一七九八年，威爾斯雷(Well-esley)為總督，又大施侵略，先排法人，更與南印度海得拉巴(Hyderabad)土侯約，禁與法人及他國通好，次伐買索爾土侯的布(Tippu of Mysore)，屠其所據之色林格派登(Seringapatam)城，又南征印度最强之民族麻剌他人，轉略西北印度，擴張英領，至蒙古國都持里附近，以奪蒙兀兒帝國權，至是印度過半地方，已為英領，又於加爾各答設一學校，專門培植經營印度之人才，一八一四年，槑頓哈士丁斯(Rawdon Hastings)總督印度，承威爾斯雷之帝國主義，大肆侵略，攻尼伯爾(Nepal)，平品達利(Pnidri)遂併中印度，復征麻剌他人，降之，至英亞麻斯德(Amherst)為總督時，(自一八二三年，至一八二八年)進圖東方，征緬甸，得阿剌艮(近孟加拉灣海岸一帶地方，)及阿薩母(緬甸西北之一侯國)等地，其後又取信地(印度河下流，)併拉化，(今旁遮普州北方大城，)至一四八年，達爾哈佛因(Dalhouvine)為印度總督，呑旁遮普克什米爾，又出兵緬甸，略取白古(伊洛瓦底江下流之地，)更專心內治，軍事教育財政司法等，一切制度。無不革興，至一八五七年，康寧(Conning)為總督，時印度土兵叛，蓋印度人耳目漸聰，因一切要職皆為英人佔任，印度人無論才能如何，無昇進之路，故咸抱怨望，後因武器不能敵英，為英將哈維陸克(Havelock)卡母陛爾(Camphell)及尼谷爾遜(Nicolson)等討平，英人以蒙兀兒帝與亂謀，廢之，(蒙兀兒帝自一八四九年後，已有名無實，此次事變，印度人奉蒙兀兒帝為號招，)幽之于緬甸之仰光，自建國至是，凡三百零二年而亡，英政府於一八五八年，收東印度公司為國有，印度遂歸英政府直轄，一八七五年，英太子愛德華巡視印度，明年，女王維多利亞(Victoria) 加印度帝號，仍以總督執行政務，印度全土，既悉為英領。英人治印政策，乃愈接愈厲，立逐層鈐制之法，以防其獨立，增加各種稅額，以蹙其生機，施行奴隸教育，以滅其種族，雖云壓迫愈重，反抗愈烈，消極抵抗之獨立行動，已見於今日，然而索縛重重，欲脫離羈絆，果待何時乎！

附註：(一)蒙兀兒帝國—蒙古帖木兒之子孫巴拜爾(Baber)舉兵與月卽部爭，不得志，遂退居喀布爾

(Cabul)南寇印度，紀元一五二六年，大舉深入，攻突厥王朝而滅之，因建蒙兀兒朝，至奧蘭賽時，盡降印度南部諸國，統一全印度，

(二)奧地利亞王位繼承戰爭——德帝查理第六無子，而奧地利亞又不許女子繼承，查理欲傳其女馬理亞(Maria Theresa)得法國之援，始為各國所承認，及帝崩，馬理亞即位，列國皆欲爭奧地利亞，遂變初議，匈牙利與英國援奧，與普法二國為敵。

## 東印度羣島

東印度羣島散布於亞澳二大洲之間，西起蘇門答臘，東至西蘭島，北自婆羅洲，南至爪哇，面積約五十八萬方哩，至今半為荷領，大於荷蘭本國領土六十倍，荷蘭之東方經營，已略見前章，一五九五年，荷人與葡人爭爪哇之貿易場，卒得訂立通商條約，並採得爪哇之北岸。與馬都拉巴里等地，一六〇二年，荷蘭東印度會社成立，每年獲利甚厚，一七四五年，爪哇東北地，為荷蘭東印度會社所有，其後漸次擴張勢力，乘爪哇土酋相攻之際，取得爪哇全島，一七八五年後，荷之東印度會社，因其中服務人員舞弊，虧耗甚鉅，（一七八五年，該會社虧至百餘萬元，至一七九二年，虧耗之數，更甚于前，）荷政府將該會社廢去，東印度羣島之勢力圈，遂為荷政府繼承，一八零八年，荷之唐特耳斯氏為印度總督，銳意改革，限制土酋攝政之勢力，並築爪哇之大路，以便交通，（從爪哇西部至東部須四十日，大路築成後，祇須一星期

、）一八一一年間，法國拿破崙(Napoleon Bonaparte)蹂躪歐洲，荷併于法，所有殖民地，遂移歸法國治下，當時英與法為敵，英海軍最强，法在亞洲之殖民地，多為英佔領，爪哇亦在其列，厥後荷離法而獨立，英欲援荷以制法，乃將爪哇還荷，繼又以蘇門答臘易荷之麻剌甲及新加坡，荷政府於東印度羣島，遂直接行使其統治權，令各地酋長，變為荷政府之任命官，定直接管理之新章，凡自治州之酋長，皆須宣誓遵奉荷長官之命令，承認印度總督之名義、於是各地土酋，徒擁虛位，雖有才者，亦行政無權，反抗無力，轉瞬間而幾度東風，幾度飛花，已將一身光陰，閒度盡淨矣！荷人之於土人也，亦重重壓迫，荷稅繁捐，叠出不窮，凡屬土人，賢愚同棄，故反抗之事，時有所聞，一八七三年以侵略亞齊國而激成土人之騷動，歷二十五年，始能鎮定，故荷人至今，不得不變其高壓手段，而為懷柔政策云，

### 馬來半島

英領馬來半島，佔馬來半島之南端，包括海峽殖民地與馬來聯邦馬來屬邦，歐人之經營此處，以葡人為最先，西班牙次之，英及荷蘭又次之，一五一二年，葡人佔有麻剌甲，一六四一年，西班牙人逐葡人而代之，斯時英之東印度會社，已於中國印度間之商業上，發生極大關係，故亦注意馬來半島，有英人萊特氏者，久商於吉打，熟悉該地情形，上書東印度會社，主張佔檳榔嶼一島，理事善其策，一七八六年，萊特氏遂與吉打王約，以檳榔嶼及其對岸威士雷，讓於英國，英每年納費一萬元，以為報酬，吉打有外侮時

，英東印度會社亦出兵相助，至一七九五年，麻剌甲為荷人佔領，英人思於其附近，得一根據地，以抗荷人，時有蘇門答臘之英人萊弗爾氏(Raffle)知將來新嘉坡之重要，獻策於印度總督，遂於一八一九年，以六十萬弗之報償，(每二十三又千份之八百七十五弗，等於國幣一百元)及歲納年金二萬四千弗之契約，自柔佛王獲得此島之領有權，至今卒成東西洋交通之咽喉。一八二四年，英荷二國以南洋之屬地，犬牙相錯，英以蘇門答臘培哥林易荷領印度之一小區及麻剌甲，一八六七年，英人設立海峽殖民地政府，編入英王領殖民地部，一八七四年，英置輔政司於霹靂，與霹靂王約，凡國內行政，立法，司法等，除宗教外，均須受輔政司之監視，是謂輔政制，至一八八八年，雪蘭莪彭亨境內，輔政司亦先後設立，一八九六年，馬來聯邦制成，其要點在設立一總輔政司，使各聯邦受同一之統制，而各邦之輔政司，仍不廢，以雪蘭莪之吉隆坡為之聯邦首府，以海峽殖民地之總督，兼任馬來聯邦之統領，一九〇九年，暹羅熱心於撤治外法權，英人遂與訂約，以割讓一部份之土地為條件，而得丁加奴吉冷丹吉打及丕里斯四州，一九一四年，馬來半島之柔佛國與英訂約，(柔佛國在馬來半島之南端，)受保護，於是英在南洋殖民地之經營，大功告成。

## 西伯利亞及中亞細亞

西利伯亞占亞細亞洲之北部，北瀕北冰洋，東臨鄂霍克海，南界滿洲蒙古，西接歐洲俄羅斯，面積約四百八十三萬二千餘方哩，中俄訂立恰克圖條約後，(事見前章)俄人於西伯利亞猶眷眷不忘，廢止死刑，放遣罪人，次第擴張其勢力，一八四七年，俄任摩拉威夫(Nikolas Muravieff) 為西伯利亞東部知事，摩拉威夫銳意經營，發探險隊，視察黑龍江口東海岸一帶之地，以及樺太千島等處，建屯營於韃靼海峽諸要害，一八五三年，我國咸豐三年，俄與土耳其開戰，將起英法二國之干涉，摩拉威夫乘機歸國，論東方形勢，說侵略黑龍江之必要，翌年，率兵下黑龍江，時英法已與俄開釁，俄人所屯營之疋脫羅帕羅甫斯克(Petropavlovsk) 喀斯脫利斯灣(Castries Bay)及馬臨斯克(Marinsk)等，屢受襲擊，故摩拉威夫又以防敵為名，未幾，歐洲之戰亂平，摩拉威夫乃作進一步之侵略，一八五七年，更發遣軍隊於極東，要求中國派員談判，劃定邊界，清廷派奕山為全權委員，與之會於愛琿，奕山為人庸懦，俄人見其易與，而要求愈厲，奕山遂束手無策，於一八五八年五月，咸豐八年四月，訂中俄愛琿條約如左：

一　黑龍江北岸，全為俄國領土。

二　自烏蘇里江至東海岸之地，作為中俄兩國共管之地，

三　黑龍江，烏蘇里江，松花江，限於中俄兩國船舶通航，准兩國人共同交易。

此約訂立十餘日後，請廷派桂良與俄公使在天津，又結天津條約，許俄置公使於北京，為俄人開諸港，及經營恰克圖，而於兩國之間，開通運之便，一八六零年十一月，咸豐十年十月，清廷以英法聯軍之役，俄使伊格乃氣史(Ignatieff)有調停之功，允其要求，而訂中俄北京條約內容如左：

一　兩國沿烏蘇哩河松河察河與凱湖白琳河瑚布圖河渾春河圖們江為界，以東為俄國領，以西為中國領

二　西疆未勘定之界，此後應順山嶺大河，及中國常駐卡倫等處，立標為界，自雍正五年所立沙濱達巴哈之界碑末處起，往西直至齊桑淖爾湖，至此往西南順天山之特穆爾圖淖爾，南至敖罕邊境為界。

三　俄商由恰克圖到北京，經過之庫倫張家口地方，亦准為零星貿易，許俄國於庫倫設領事官一員。

自此以後，中國坐失滿洲沿海地方九十萬三千方哩，越十五年，俄又以千島易日本之庫頁，西伯利亞遂全入於俄，（九十萬三千方哩指此次條約上所損失之哩數）俄人既併吞西伯利亞，即加緊中亞細亞之侵略，中亞細亞占亞細亞洲之中部，東界新疆，西瀕裏海，南聯波斯阿富汗，北接西伯利亞，面積的一百三十六萬七千方哩，俄彼得大帝在位時，（一六八二年至一七二五年，）已開始侵略，帝聞中亞細亞之基發（Khiva）及布哈剌(Bokhara)二國，富有金鑛，於一七一七年，以三千之遠征隊，授培各維氣氣加斯基公（Prince Bekovitch-Tcherkaski），探察可厚司(Kirghiz)基發各地、被基發王誘而殲焉，然俄人猶窺伺不絕、至一七三四年，可厚司族因俄人之引誘，已盡服於俄，後五年，俄之坡落芙斯向(Perouski)將軍，率兵六千，出發烏倫布(Orenbury)向基發。長途跋涉，寒暑不時，人馬死者甚多，乃引兵而還，一八六四年間，俄之佐乃伊夫(Tchernaieff)庫夫滿(Kaufmann)諸將，爭在中亞細亞各地，建立武功，壓迫弱小，殺戮無辜，對於其本國．以勞苦功高自居，當時浩罕與布哈剌基發三國，見俄國之次第蠶食，危機已迫，乃合力抗俄

，然因昔日彼此互爭之故，實力大減，而俄人於中亞細亞之勢力，已根深蒂固，數年之間，浩罕(Khokand)塔什干(Tashkend)帥馬罕(Samarkand)及克振德(Khojend)等，皆相繼歸俄矣。俄因地域驟增，將土耳其斯坦(Turkestan)分為西爾大利亞(Syr Daria)與塞米拉丁斯克(Semilatinsk)二省，一八六八年，布哈剌降於俄，更設置撒馬兒罕(Samarkand)省，一八七三年，俄又征服基發，再添設河穆達爾(Amdaria) 省，統歸土耳其斯坦總督管轄焉。

## 安南

安南，古交趾地也，秦始皇分天下為三十六郡，安南為象郡，自古以來，為中國屬地，至十六世紀，新航路發見後，東西交通漸盛，印度以東，尚不為各國所注意，獨法蘭西有首先經營安南之志，十九世紀之初，數派宣教師入交趾，又派測量隊入交趾平順府，一七四九年，法王路易十五 (Louis XV) ，遣使至順化府，說安南王阮福嶼訂法越同盟互市條約，無功而返，一七八七年，安南王阮福映因內亂奔暹羅，遇法教師畢尼約(Pigneaux de Retaine) 勸王求援於法，王從之，命世子景叡偕畢尼約至法，訂法越同盟草約於巴黎，規定法國援助安南王恢復舊壤，而安南對於法國之酬報，須割讓化南島，租借康道爾，並准法督在安南領土內，得自由住居來往，此約訂定後，卒仗法之力，而恢復安南，法國適值內亂，無暇索償，一八二零年，安南王福映卒，遺囑云：『敬法人愛法人但不可割地與法人，確守封境，勿失寸土，』其次子福皎卽位，（太子早亡，）法人要求踐約，福皎加以拒絕，且下令排外，於是法越交惡，至一八四七年，安南王福皎卒，其子福時排外政策愈烈，懸賞銀三十粒，購殺宣教師首級，時法國拿破崙第三在位，因克里米戰爭(Crimean War)之羈絆，無暇責問，一八五六年，克里米戰爭結局，法派兵艦至安南責問殺宣教師事，並要求履行舊約，安南政府不受節制，而下令攻擊，法軍砲擊廣南港，毀其堡壘，以孤軍無援，亦不佔領而去　安南王見法軍退去，愈仇教，殺其教正，翌年，又殺西班牙教師，與他國基督教徒，於是法西二國，共同興師，遠征安南，一八五八年六月，法西聯軍陷順化府沿岸砲台，轉破安南第一通商埠西貢，一八六二年，聯軍又進陷交趾之邊和嘉定定祥三州，佔領康道爾羣島，安南軍無力再戰，東北邊境，又有黎興之亂，不得已向聯軍乞和，乃於是年六月，締結西貢條約，大旨如左：

一　解除基督教之禁，並保護宣教師。

二　安南割讓邊和嘉定定祥三州，及康道爾羣島於法國。

三　自後安南與他國訂約，須得法國認可。

四　安南賠償法西二國軍費四百萬元。

五　法西安三國人民，以後自由通商，法商船等在湄公河自由往來、又為監視一切起見，法國軍艦亦得在該河內來往。

六　因安南暴徒未靖，法國仍暫屯軍隊於永隆城砦，以為防護，俟平定恢復之後，仍返還安南。

一八六四平，安南內亂全平，遣使至法，求返永隆州，初得法王之許可，既而中變，未獲返還，一八六七年，東浦寨南部暴民作亂，下交趾振動，法軍以恢復秩序為名，襲取永隆安江和仙等地，下交趾六州，遂悉為法領，法人又進而覬覦北安南，見富良江航行便利，銳意經營，一八七三年，法人要求富良江通航權，不獲，率軍攻陷河內及三角洲，既而敗退，法人一變威壓政策，而為懷柔政策，冀收併吞安南之效，一八七四年，法安訂和親條約于西貢，法認安南為獨立國，安南將外交權全歸於法，司法權亦大受法之制限，實不啻為法之保護矣！然安南為中國屬邦，法既與安南結保護條約，必須得中國之承認，翌年四月，法公使以該約通知，我國大加反對，而北京法公使譯員，未將我國覆文完全譯出，遂誤會中國已經承認云，自此以後，法國多派測量隊，深入安南內地，安南人始悟前約之不利，竭力排法，一面請中國保護，一八八三年，安法已開始衝突，安南王之壻劉永福屢破法兵，所部號黑旗兵，雄健異常，法國乃派陸軍少將波歐(Bouet)，與海軍少將孤拔(Counle)領軍進迫安南，一攻山西，牽制黑旗兵，一襲順化，直逼京都，進攻山西之法軍，雖迭經失敗，而順化半島，已為法軍佔領，安南政府遂竭力請和，訂法越保護條約，大略如左：

一　安南自認為法國之保護國，即與中國交涉，亦須由法國紹介。

二　以東京割讓于法國，

三　法國於順化府置高等理事官，凡安南之外交，關稅，司法等事務，均歸理事官全權處分，

訂該項條約之消息，傳至北京，清廷大怒，議派兵入安南，當時我國曾紀澤向法政府提出抗議，法政府堅決拒絕，曾紀澤知外交上已無挽回地步，況中國為安南之事，曾經與法政府迭次交涉，光緒八年（西曆一八八二年，）之中法和約，破壞於將成之時，（見附註）法國之處心積慮，積極進取安南，早已顯露，故力主一戰，奈清廷猶狐疑不決，惟派少數軍隊，援黑旗兵，未幾，黑旗兵與清廷援軍，先後敗退，富良江下游，全歸法領，清廷乃以全權付李鴻章，聽其辦理，李鴻章力主和議，依廣東稅務司德人德特林（Detring）之調停，於一八八四年，我國光緒十年四月，與法國艦長福祿諾（Fournier）會於天津，訂中法媾和草約五款，承認法越前後條約，撤中國屯北安南之軍隊，法亦不要求賠償軍費，五月，因撤兵誤會，彼此衝突，結果，法軍敗，法人遂要求賠償一千萬鎊，不許，法人率艦隊陷澎湖，攻台灣，旋入福建之馬江，擊沉我戰艦七艘，毀我船政局，兵士死者二千餘人，其陸軍復陷諒山，翌年，入鎮南關廣西提督馮子材與黑旗兵合擊，大破之，乘勝收復諒山，雲貴總督岑毓英，亦率軍攻安南之宣光府臨洮一戰，又大破法軍，先後克復廣威承祥兩府，逼近興化，我國軍威大振，法人震我國威，罷其內閣，倉卒乞和，我國不諳外情，聽李鴻章之言，於一八八五年，光緒十四年四月，訂中法媾和條約，以前年之草約為基礎。主要者如左：

一　中國承認法國與安南所訂之一切條約，無論已訂或將來所訂，均聽其辦理。

二　中國擇勞開以上，諒山以北二處，為通商口岸。

三　法國撤退基隆澎湖之軍隊。

四　中國將來築造鐵道時，可雇用法國工程師。

五　兩國另派員勘定中國與安南之邊境，協定通商細則。

此約締結後，又於翌年訂中法安南邊境條約十九款；允法人從安南運貨至中國境內，關稅特別減輕，於是法國不僅獲完全之安南，且以安南為根據地，而為進一步之侵略，發展其勢力於中國內地矣！

附註：光緒八年之中法和約，內容如下：(一)自後使安南自為守，法國不假道安南，越中國疆界，中國亦不踰界侵害法人，(二)自後法國若有事于安南，必先照會中國，(三)法國若必有保護安南之意義，中國亦同保護之，其經費各自擔任，所得之利，兩國掌握之，細察此約之意義，安南之保護權，已為中法二國所共有，當時法國政局變更，激進派握大權，于此約猶認為不滿，故雖經協議，終拒絕批准。

## 緬甸

緬甸在暹羅之西，印度之東，元時屬中國版圖，我國乾隆年間，朝貢尤謹，英滅印度後，因緬甸與印度有脣齒相連之關係，卽起侵略之心，一七八四年，英緬已開始衝突，當時緬甸王孟隕征服西境之阿剌干，該地與英領印度之孟加拉部接近，阿剌干人謀獨立，不克，咸奔孟加拉，緬甸政府向英領印度總督索還亡命者，不允；又爭國境上島嶼所有權，幾至出兵，一八二二年，緬甸王孟旣遣軍征服西北諸小國，進入印度邊界，殺印度土兵一隊，英國大怒，起兵攻緬甸，一八二四年，英軍由海道達仰光，緬人清野而遁，英軍乏糧，暫屯仰光，緬人以全力防孟加拉境，不設備于南方，及敵兵突現海上，大驚潰敗，緬甸大將溫資拉戰死，英兵進迫阿瓦，阿瓦者，緬甸之國都也，緬甸政府倉卒乞和，一八二六年，英緬結媾和條約，規定賠償英國軍費一百萬磅，割阿薩密阿拉干地那西林三州，為英領地，預約日後另訂通商條約，又關於設置理事，保護商人之件；其後緬甸內亂，仰光英商被地方虐待，訴於印度總督，派員調查，且發書詰責，緬甸官吏辱其使，戰端遂開，英軍陷仰光及附近諸都市，緬兵敗走上緬甸，緬王巴干麥為革命黨所弒，其弟墨多默卽位，遣使求和，乃結媾和條約於仰光，割擺古州為英領地，此一八五一年，我國咸豐元年事也，自此以後，南緬甸全歸於英，緬甸政府偏安於怒江上游，舉目河山，痛心疾首，當時法人亦欲伸其勢力於緬甸，一八八二年，法國遣使至緬，欲乘緬人怨英之機會，使其親善，又商量在馬來半島之克利峽開鑿運河，所有權歸法國，此消息為英人探知，多方破壞，未獲成功，一八八四年，法緬締攻守同盟密約，翌年，法政府公然將密約發表，英人大驚，欲用迅雷不及掩耳之手段，併吞緬甸，適緬王與孟買商業會社，發生爭執，印度總督出而調停，不允；英人遂發後最通牒，要求認為英之保護國，緬王回覆不得要領，英遂正式宣戰，率兵溯怒江北上，連破沿岸要塞，緬王遣內務大臣宓約五乞和，英人謂獻國王首都軍隊，則允所請，緬政府不得已，承認英人之條件。英人整隊入城，城中兵民，不下十五萬，均無抵抗意，英人又提出條件，限緬王二十四小時出城，緬王請稍緩，不許，於是與王妃同遭驅逐，揮淚相對，悲不自勝，乘英船向仰光出發，從此一帆遠去，不再蒞臨故土，被放於印度之蔴打拉薩而終焉，緬甸全境既歸英掌握，中法二國，因安南戰事，皆無暇顧及，迨中法戰事結束，中國已兵勞餉缺，無力干涉，惟英國在緬甸之一切主權，急欲得中國認承，一八八六年，光諸十二年，英公使與我國會議於北京，訂中英協約，英仍歸我十年一貢，惟必使緬甸人，而我承認英對緬有最高主權，於是會勘滇緬境界之問題生，一八九五年我國光緒廿年，駐英公使薛福成與英外部立約，我允孟連江洪不割讓他國，而英許中國得航行伊洛瓦底江，翌年，奕劻與法使續訂界約，以江洪畀法，英人責言，光緒二十三年，再與英定約，開騰越及梧州三水諸埠，許緬甸鐵路，聯絡至雲南馬，中國之權利，既拱手讓於外人，外人乃爭先恐後，得寸進尺，中國則展轉相贈，未恐不均，外交至斯，邦國所由殄瘁也！

### 俾路支

俾路支在印度之西北部，北界阿富汗，東界信地，南界阿拉伯海，西界波斯，一八三九年，英軍經波蘭闕向阿富汗進取之時，俾路支之土酋彌勒勃汗，正向阿富汗酋長勃索貢獻、且言將盡其保護之責，英軍遂分印度軍千五十人攻之，以快砲轟克勒特門、俾路支國人死者四百餘，彌勒勃汗與焉，生擒者約二千，其後俾路支人、深怨英人，英軍開往治滾達氐及波蘭闕等處者，輙被要擊，一八四三年，英軍克服信地，一八五四年，英信地邊徼監司，奉其總督之命，與俾路支訂約，大旨如左：

一　俾路支政府，應絕對服從英國。與英合作，非得英之允許，不可與他國訂約。

二　俾路支人，不得有侵略英人之行為，俾路支政府，應負其察視之責。

三　凡商旅過俾路支境，其政府只能照附載入約之條目征稅。

四　俾路支政府能對於以上各節誠信盡責，每年得從英政府收回補助費五萬盧比，(卽五千英鎊)

觀以上各項條約，俾路支已為英之保護國矣，嗣後俾路支屢起內亂，英遂於一八八七年滅之，併入印度帝國之內

### 不丹

不丹，原名布魯克巴，為喜馬拉雅山麓之小酋長國，介於西藏印度之間，面積廣二萬方哩，亦為中國舊藩，雍正間，常至中國入貢，迨咸豐間始中絕，一八六五年，與英締結條約，每年由印度政府予以五萬盧比之補助金，而受英保護，政權遂操於英人掌握之中，蕞爾小國，界於強鄰，卒難免亡國之患，於是督

亡齒寒，而西藏之危機迫矣！

## 菲律賓

菲律賓既歸西班牙統治，西人逞其專制淫威，虐待菲人，排斥華人，菲人俯首帖耳於其下者，垂三百年，其中雖有革命風潮，然起旋旋平，終不能驅西人於境外，而還其自由也，迨一八九四年，古巴革命，古巴者，美東南部之群島也，美因古巴而與西班牙衝突，菲律賓遂因兩方之衝突，而生一大變化焉，當古巴革命時，西政府以強硬手段處置之，美與古巴有特別關係，通牒西政府，許其獨立，否則美將助其獨立，而與西班牙宣戰，西政府不聽，延至千八百九十八年四月二十一日，與美宣戰，時香港駐有美國海軍，已奉令出發，襲擊停泊菲律賓之西班牙艦隊，大破之於甲馬地，甲馬地為岷希納藩籬，岷希納者，西班牙之菲律賓總督所駐地也，警報至城，全城震恐，時菲律賓革命領袖亞幾那度應運而興，於美得甲馬地後，亦率兵與西軍在陸上劇戰，復其故地，勢力日以強盛，遂制定約法，設立臨時政府，徵收租稅以為政費，儼然一共和國矣，一八八九年六月，亞幾那度在甲馬地召集國會，公舉亞氏為第一屆大總統，六月二十三日，宣布憲法，以菲律賓為完全共和國，以國家名義，通告世界，竟未有予以承認者，同年八月十三日，美增兵來菲，攻岷希納城，菲兵萬餘人，為之聲援，西軍不支，菲總督獻地乞降，西班牙三百年所統治之菲律賓，遂告終止，於是亞幾那度請與美軍同整隊入城，美以菲政府未得各國承認，於萬國公法上，不宜與美國為同一舉動，不許，亞幾那度大驚，疑美人將步西政府之後塵，遂加以敵視之意，初，菲人之於美人也，本引為良友，以其能助菲人之革命成功，故與之協攻西軍，美人亦抱門羅主義，不欲以菲律賓為殖民地，故在巴黎議和時，特賠償西政府是役所損失之數，且以美金二千萬，購回菲律賓扶助菲人之獨立，繼因菲律賓距美太遠，覬覦者多，決計使其暫隸美國；然而菲人不知也，則美菲之衝突難免矣！當時亞幾那度率其黨人，既不得與美軍同整隊入城，乃北徙距岷二十英里之北部，曰嗎羅羅鎮，以之為共和國首都，召集附近居民，令選國會議員，通告呂宋米塞亞各省，宣言共和國成立時，北省之西班牙人數千，均遭囚戮，一八九九年一月四日，美軍宣佈美總統麥荊來(McKinley)對於菲律賓臨時政府之公文，表明美國並無他意，純為協助菲人進步，使其確得自立平等之權利；既而復遣美人為菲律賓委員會委員，菲人深疑之，於是提倡反對美人，圖謀革命，是年一月三十一日，美菲軍隊各屯軍劃界，踰界者捕為俘虜，二月四日夜，菲有副將率兵士數人，潛度美軍界內，為美軍警覺，雙方爭執不決，遂開戰，菲軍連戰皆敗，至三月二十五日，首都為美軍所據，亞幾那度乃徙而往山賓難洛，又徙而至山衣絲洛，終乃徙於丹洛，至六月初旬，美軍進逼，又有保地之戰，十一月十二日，新首都丹洛陷，亞幾那度出奔北省。美軍截堵圍擊，亞氏奔至例班到之西蠻地，美軍接踵而至，亞氏置兵守衛，又為攻擊，乃奔至呂宋東北部之巴撈，與在呂宋之黨人領袖相通訊，謀再舉，至一九零一年三月，因設防未密，為美軍所擒，美人優禮欵待之，勸以息兵安菲，亞氏乃宣誓願降，放歸後，杜門不復干涉政事，菲律賓全部，遂歸美國統治，至一九一二年，美總統威爾遜(Wilson)以保護政策，終非全善，欲使菲律賓人得以獨立，一九一五年，美國議院通過許菲律賓無期獨立案，今則菲人之自治能力，已漸完固，教育方面，日見發達，美之對菲，不可謂無助其獨立真意矣！雖然太平洋之風雲，愈逼愈緊，菲律賓為美國之海軍根據地，美能忘情於太平洋乎？

### 南高加索

南高加索占高加索之南部，介黑海裏海之間，昔為俄土二國屬地，自一九一四年世界大戰以來，俄國革命，土國戰敗，遂有亞塞爾拜然喬治亞亞美尼亞三國之崛興，亞塞爾拜然在南高加索之東，（東瀕裏海，南連波斯，西界亞美尼亞，北界北高索加，面積約四萬方哩，）喬治亞在南高加索之西北，（東界亞塞爾拜然，北接北高加索，西臨黑海，南連亞美尼亞面積約三萬五千餘方哩，）亞美馬亞在南高加索之西南，（東界亞塞爾拜然及波斯，北界喬治亞，南界古爾的斯丹，西界東土耳其，西北臨黑海，面積為六萬八千餘方哩，）各建共和政府，不復受人統治，其後社會主義，傳入域內，遂與蘇俄同化，三國先後與俄羅斯烏克蘭，北高加索各勞農國，建設蘇維埃社會主義共和國聯邦，以蘇維埃聯邦之墨斯科為首府，不復為獨立自治之國矣。

### 伊拉克

伊拉克即美索不達米亞，東界波斯，北連土耳其，西鄰敘里亞，南與阿剌伯接壤，面積為十四萬三千餘方哩，世界大戰以前，為土耳其領土，戰後歸英統治，航路及鐵道等交通事業，均為英所經營，英人復聯絡該地之貴族，以鞏固自己之地位，於是伊拉克人民，對於英人之行為，漸表反抗，英人乃為之立王，與之訂約，許以一九二八年獨立，一九二六年，因摩索爾問題，訂立新約，謂於二十五年內，許伊拉克加入聯盟會，完全獨立，一九二九年，更訂新約，認伊拉克為獨立主權國，而延長時期，伊拉克人民，於是以英之許其獨立，絕無真意，故竭力整理內政，擴張軍備，作脫離英人之計焉。

巴勒斯坦

巴勒斯坦西瀕地中海，北接敘里亞，西南界埃及，東連外約坦，以外約坦河為界，世界大戰時，英宣言助猶太人復國，又陰以其地及敘里亞，許畀漢志王，一九二零年，英得巴勒斯坦統治權，敘里亞又歸法，漢志王第三子，欲驅法軍出敘里亞，沿鐵路前進，遂留居約坦河東，建外約坦王國歸英保護。

敘里亞

敘里亞在阿拉伯半島之西北部，（東與美索不達米亞接壤，南連巴勒斯坦，西沿地中海，北臨安勒多里亞，面積約六萬餘方哩）境內有多數重要海口，能控制地中海之交通，為東方之門戶，昔為土耳其領土，世界大戰時，土耳其加入同盟國，與英法為敵，土國挾此險要之海口，以控制地中海之水道，則英法在亞洲之殖民地，岌岌可危，故英遂於一九一五年，承認阿拉伯民族之完全獨立，以分散土耳其國之內部，幷允以阿拉伯半島全部，劃為阿拉伯新國領土，而一方面與法國秘密訂約，分配在叙里亞之勢力範圍，即一九一六年之西開斯皮珂特協定(Sykes-picct Agnemrent)是也，南面之巴勒斯坦，及東面之美索不達米亞歸英，叙里亞沿海一帶地方歸法，大買斯寇與亞勒巴等地，作為法之保護區，英承認法在叙里亞之永久權利，此約訂後，又經俄意二國承認，於是此約之勢力，愈加鞏固，歐戰完畢，土耳其瓦解，英法履行密約，英撤叙里亞駐軍，讓法軍接替，同時巴勒斯坦與美索不達米亞等地，由英軍佔領，一九一九年，各國開和會於巴黎，叙里亞人民，依照一九一五年英國之允許承認獨立，要求實行，初不知英法兩國有瓜分叙里亞之密約也：至是法堅挾西開斯皮珂特之協定力加反對，英為面子起見，竭力斡旋，始於一九二零年之桑里摩(San Remo)會議，及一九二二年國際聯盟之認許，予以獨立之名義，而歸法委任統治，此種有名無實之獨立，叙里亞人固不願，而英法手段之狡滑，又為叙里亞人所深恨，初為和平之獨立運動，則毫無結果，(見附註)乃於一九二三年，大起革命之軍，各地響應，法雖竭力鎮壓，而前仆後繼，志不稍懈，一九二五年，法軍遭叙里亞革命軍襲擊，法僑之在蘇以得(Suweid-eh)地方者，亦被驅逐，叙里亞人求獨立之心切矣，法人盍開慈善之懷，憐弱小民族，許其獨立自由乎？仰輕其壓力，以減少叙里亞人之反抗乎，而孰知法人因擊襲之故，對於叙里亞人，竟肆意屠殺，大買斯寇之城，慘遭焚毀；一方面又用其分化之政策，將敘里亞裂爲多數小邦，各許自治，從中挑撥離間，哀哉弱小民族！其將永被蹂躪於帝國主義之鉄蹄下乎？果將水被蹂躪於帝國主義之鐵蹄下乎？

附註：一九一九年，敘里亞人在大馬色地方舉行大敘里亞會議，產生大馬色宣言宣告獨立，無結果，第二年，又在該處舉行會議，發表獨立宣言，仍無結果。

## 二　亞洲諸國被壓迫之情形

### 中國

#### A　門戶之開放

##### 子　鴉片之戰

鴉片之戰，我國歷史上之一大污點也，外人揭穿中國之弱點　在此一戰，得肆其侵略無厭之野心，亦在此一戰，原鴉片一物，唐貞元時，已由阿拉伯商人，將罌粟輸入中國，至明中世，葡人既握東洋貿易之權，多由澳門輸入，於是爲醫藥用品外，人民有吸煙之嗜好，禁吸之令，已見於明末，清乾隆嘉慶間，亦迭次嚴禁，無奈因奸商貪吏之私販，而吸煙之風益熾，蓋當時英之印度公司，專賣鴉片，輸入日增，至道光間，英廢其公司專賣之權，仍許商人運售，輸入之數益盛，據道光十六年之調查，鴉片輸入額爲二萬八千箱，價值一千八百萬兩，清廷鴻臚寺卿黃爵滋，御史朱成列痛論其害，奏請嚴禁，湖廣總督林則徐亦上疏痛陳其害，略云：「煙不禁，則國日貧，民日弱，數十年後，豈惟無可籌之餉？抑且無可用之兵！」宣宗閱而賞之，卽召則徐進京，拜為欽差大臣，往廣東節制水師，查辦海口事，道光十八年正月，則徐至廣東，與鄧廷楨商查禁辦法，卽斬數販煙奸商於英商館前；一面傳諭洋商，限三日內將所有鴉片，完全交出，英商置之不問，則徐大怒，發兵襲擊英商館，英人懼，出鴉片一千零三十七箱，則徐知隱藏尚多，乃盡將教師醫師，與密賣事無關者，下之獄，並禁給商館食物，奪其船舶，英人大困，領事甲必丹義律，乃勸英商將穩藏之鴉片，悉數繳出，共二萬二百八十三箱，二百三十七萬六千餘斤，合資本五六百萬元，則徐悉焚之於虎門海岸，英人怏怏去澳門，則徐既焚鴉片，乃奏請設立專條，凡洋人私運鴉片入口者，分別首從，處以斬絞，並布告各國，凡商船入口，須具結，聲明有夾帶鴉片者，船貨沒官，人卽正法，當時廣東葡美諸商，均允具結，惟英領義律託辭反對，則徐諭沿海州縣，斷絕英人之供給，義律乃請葡人出而調停，願留「船貨沒官」四字，而去「人卽正法」一語，則徐因與各國結語不一致，不許，道光十八年八月，英水手在尖沙嘴地方，因領酒不得，毆死華人林維喜，義律包庇凶手，不肯依中國法律辦理，又於尖沙嘴附近，擊沉廣東水師砲船多艘；於是則徐奉上諭，停止英人貿易，勒令退出澳門英人既無處存身，於是慫恿其政府與中國宣戰，當是時也：英政府尚未願與中國開釁，接焚毀鴉片之報，曾諭義律云：「女皇陛下之政府，「不能援不德義之商人，自孽自得，須自負責任！」及得停止貿易之報，於是主戰派漸多，道光二十年二月，西曆一八〇四年四月，英政府向議會要求協贊軍費，大起紛議，經三日激論，卒協贊出兵，命喬治義律(George Elliot)統陸軍，伯麥(Bremed) 統海軍，率印度喜望峯之海陸軍一萬五千人，軍艦二十六艘，大砲百四十門，於道光二十年五月至澳門，先遣使議和，則徐因朝旨强硬，難以應允，英軍遂欲封鎖廣東海口，幸則徐早有戰備，襲擊敗之，英軍見無隙可乘，乃率軍北上，則徐知而馳檄閩浙蘇各省嚴防，此時鄧廷楨調督閩浙，襲擊英軍敗之，六月五日，英艦進達舟山碇泊定海，知縣兆公鎮，鎮台張朝發，守備全無，英軍遂陷定海，窺錢塘，攻乍浦，封鎖寗波，旋由定海解纜，巡成山岬入渤海，進逼白河，滿清諸大史，懼禍及身，既昧於大勢，復造危言以要挾清帝，造蕯語以中傷則徐，於是廷議搖動，褫則徐與鄧廷楨職，詔兩江總督伊里布赴浙視師，以直隸總督琦善為兩廣總督，與英議和，英人之要求有六：

一　償還煙價。

二　開放廣州廈門福州定海上海為商埠。

三　兩國交際，用對等之禮。

四　賠償軍費。

五　不得以英船夾帶鴉片累及居留英商。

六　盡裁華商經手浮費。

廷議未定　琦善至廣東撤防媚外，允償煙價七百萬元，時喬治義律病，甲必丹義律當談判，見琦善易與，提出割讓香港之議，琦善不敢允，英軍見廣東毫無設備，遂攻陷廈門砲台，琦善大驚，再申和議，許開放廣州，割讓香港，清廷聞之，大怒，命奕山為靖逆將軍，隆文楊芳為參贊大臣，率兵五萬赴廣東，此時琦善進退維谷，思遷延時日，以待大軍之至，英人早已潛知，於道光二十一年二月五日，再開始進犯，陷橫當虎門各砲台，水師提督關天培戰死，原有大砲三百餘門，及則徐所購之西洋砲二百門，盡入英人之手，迨奕山等至廣東，已束手無策，四月朔日，奕山命水師夜襲英船，圍其商館，不克，翌日，英艦反攻，清軍敗績。奕山懼而請和，訂休戰條約，允於煙值外，先償英軍費六百萬元，限五日付清，廣東為此城下之盟，得苟安一時，而奕山奏疏，不敢實告，僅謂英人祇求如舊通商，實則英人於所索六款外，及割讓香港事，須完全承認，奕山迫至不得已，後以皇上不允答之，英人於是再舉兵進犯北京，當時英新任大使僕鼎查(Sir H. Pottinger)來澳門，陸軍少將卧烏古 (General sir Hugh Gough) 由印度率戍兵來會，七月六日率大小軍艦二十六，兵士三千五百，攻廈門，八月，占舟山列島，陷鎮海，趨甬江，不戰而克寗波城，清廷乃詔吏部尚書奕經為揚威將軍，侍郎文蔚，都統依順為參贊大臣，規復浙東，於道光二十二年正月，分三路進兵，皆敗潰，英軍於是長驅而入，四月，陷乍浦，五月，占吳淞，陷上海，溯長江而上，先後拔福山江陰圓山諸要塞，直陷鎮江，攻南京，勢如破竹，非英軍之果難敵也，實因清軍腐敗，統帥無人，摧枯朽者，易為力耳，清軍屢經敗北之餘，乃委耆英伊里布牛鑑為議和全權大臣，至南京，於道光二十二年七月二十四日，西曆一八四二年，與英使僕鼎查訂南京條約其重要者如左：

一　中國政府納賠償銀二千一百萬元與英政府，內以一千二百萬元賠償軍費，以三百萬元償還債務，以六百萬元賠償燒失鴉片費，其款分四年交兌清楚。

二　開廣州福州廈門甯波上海五處為通商口岸，英國得派領事駐紮，英商得自由居住。

三　以香港全島　永遠割讓於英國。

四　以後兩國往來文書，用平等款式。

條約既成，歐美各國聞之，知中國之虛弱，美英人之獲利，無不爭先恐後，鼓舶而來，於是荷蘭比利時葡萄牙西班牙德意志相率派領事或公使至廣東，美法二國，且派全權公使至中國，請訂修好條約，道光二十四年六月，耆英與美公使古新(Caleb Cushing)訂中美澳門條約，九月，耆英與法公使拉亨納(Theodase M.J. Lagrene) 會於黃浦，締結中法黃浦條約，道光二十七年，又先後成立中國瑞典挪威條約，大半皆以南京條約為藍本，其後鴉片之輸入，日甚一日，外患乃接踵而起矣！

## 丑　英法聯軍

南京條約中，既訂定五口通商，於是福州廈門寧波上海四處，先後建設領事館，中外通商，相安無事；惟廣東人民，排外風熾，衝突事件，時有發生，因之開放廣州，不得不展延時日，道光二十九年，徐廣縉為兩廣總督。葉名琛為廣東巡撫，因當時羣情洶洶，拒絕英人入城，乃與香港總督文翰(Bonham)訂廣東通商專約，約中載明入城一事，暫緩置議，迨奏達朝廷，宣宗甚加讚賞，謂徐葉二人有外交才，實則傲慢自大，不識大體者也，咸豐二年，徐廣縉調任湖廣總督，葉名琛陞任兩廣總督，葉名琛既昧於外交情勢，待外人尤傲慢異常，故新任香港總督包冷(Bowring)廣東領事巴夏禮(H.S. Parkes)，咸深惡之，咸豐六年九月，有中國船亞羅號(Arrow)者，入英國籍，揭英國旗，自廈門至廣東，其中船員，英人二，華人十三，為巡河水師探悉係奸商託英籍自護者，於是上船搜索，將船中華人悉數捕去，投其旗於甲板，巴夏禮聞而大怒，本懷尋釁之念，即與包冷議妥，致書名琛，謂其侮辱國旗，擅捕華傭，責令放還捕去之十三人外，並須具狀謝罪，名琛查知亞羅號船入英籍，已滿期十日，遂以「中國官吏，捕中國海盜於中國船中」答之，巴夏禮答辨；「該船雖已滿期，在航行中不能脫卸，實際上尚為英船，且既揭英國國旗，即不能為此不法之處置，」名琛不復，巴夏禮訴於總督，其總督命為嚴重交涉，且提出四條件：

一　送還十三人於原船中。

二　辨解拘捕之理由。

三　誓此後不再出此等不法之舉。

四　四十八小時內無確實回復，作為談判破裂。

當時名琛已送回十三人，巴夏禮不受，名琛乃下十三人於獄，既不回復，亦不備戰，趾高氣揚，逍遙自如，九月二十六日，英軍進迫廣東，二十八日，擊毀虎門砲台，十月一日，攻陷省城，名琛宵遁，督署被焚，當是時也，英軍數不滿千，清軍赴援者數萬，皆畏敵砲火，莫敢攖其鋒；惟英人此次舉兵，未得其政府許可，又因印度發生亂事，急須赴援，旋即退軍，廣東人民見英軍既退，爭起為暴舉，將英美法各國之商館洋行，悉數焚燬，巴夏禮於是報告本國政府，請增兵決戰，英政府乃開會議決，在第一次議會中，出兵一事，未能通過，首相巴馬斯，(Palmerston)遂解散議會，重行組織，卒通過出兵，英政府又以合縱之利說俄法美諸國，俄美惟求與中國改訂商約，無開戰之意，而法皇拿破崙三世(Napoleon III)欲立功海外，以收本國人心，適於咸豐六年正月，值廣西西林知縣張鳴鳳殺法教師事，遂引為口實，與英聯合出師，咸豐七年九月，英全權大使額爾金(Elgin)至香港，貽書葉名琛，請約期會議，賠償損害，改訂約章，名琛置而不復，十一月，法全權大使噶羅(Gros)至，英法聯軍發最後通牒，限名琛四十八小時內，獻城出降，名琛置若罔聞，俄美二國領事移文索賠償，願居中調停，亦不聽，每日扶乩，一切軍機，皆取決於此，將軍巡撫等言，無有入其耳者，同盟軍遂於十一月十四日，三面進擊廣州城，閱一時半，陷之，大肆搜拮，擄名琛而去，咸豐八年正月，英俄美法四國大使，聯合致書宰相大學士裕誠，請派全權大使至上海合議，廷議謂外交事，當各就邊臣議之，各國以為清廷無談判誠意，於是各國兵艦，共同北上，咸豐八年二月，英俄美法兵艦齊集天津，清廷不得已，乃派直隸總督傳恆與四國會議，傳恆非全權代表，遇事須奏聞，英法二國以為有意遷延，遂於四月八日，進兵攻陷大沽口，逕抵天津，清廷急命科爾沁王僧格林沁督兵馳赴天津，復命大學士桂良，吏部尚書花沙納為全權大臣，往天津議和，英使所擬新約五十六款，法使所擬新約四十二款，要求劃押，廷議以戰守均無把握，忍痛允之，遂於咸豐八年五月十六日，即西曆一八五八年，訂中英，中法天津條約其重要者如左

中英天津條約

一　除廣州福州廈門寗波上海五口通商外，更開牛莊登州台灣潮州瓊州之五港為通商口岸，又長江一帶，俟粵匪平蕩後，許再選擇三口通商。（後開鎮江九江漢口三處）

二　中英兩國互派公使。

三　賠償軍費商欠各二百萬兩。

四　英人得携護照至內地遊歷。

五　英人犯罪，由英國領事審判，華人欺害英人，由中國地方官懲辦，兩國人民爭訟事件，由中國地方

官與英領事官會同審辦。

六　南京條約後輸出入貨品，課從價值百抽五之稅，今以物價低落，課稅亦宜減輕，由兩國派員訂定新稅則，經此協定稅則，凡關於通商各款，每十年酌量更改，凡商船滿百五十噸以上者，每噸課銀四錢，百五十噸以下者，每噸課銀一錢。

中法天津條約

一　中法兩國互派公使。

二　開瓊州潮州台灣淡水登州江寧六口，江甯俟洪楊亂事平後開放。

三　各通商口岸，准法國派領事住居，准法商携帶家眷，自由往來，並准法國派兵船停泊，以資彈壓。

四　天主教徒得自由入內地傳教。

五　賠償軍費商欠各二百萬。

六　若以後中國對他國許與特惠曠典時，法國享最惠國之例，其餘各款與英約大致相同。

以上各條約訂定後，於是我國之領事裁判權許與，協定稅率開始，內河開放，最惠國條約開端，是年九月，遂與英法締同一之通商條約規定如下：

一　凡進口出口貨物不在免稅之列者，均按時照價值百抽五，征收正稅。

二　凡洋貨再運銷內地，除征正稅外，按時照價值百抽二五征子稅。

三　凡海口免稅各貨，若運往內地，仍按時價照值百抽二五征子稅。

四　鴉片煙准其進口，每百斤納稅銀三十兩。

此種稅率，即所謂新協定稅率，我國經濟上之損失，尚可問乎，時僧格林沁在天津目擊外人之跋扈，乃急修武備，築堡壘，建砲台於白河兩岸，並置三栅於河中，咸豐九年五月，英法兩公使赴任，欲交換正約，因天津條約締結時，英法公使定欲將批准條約，在北京交換故也，抵白河，僧格林沁命其改走北塘，不聽，率艦破栅而進，僧格林沁乃命守兵抵禦，擊沉英艦四艘，聯軍死傷數百，英法兩公使逃上海，報知本國政府，派兵東來，咸豐十年二月三十，聯軍襲舟山列島，降定海，六月，由塘沽上陸，攻新河，七月，佔領天津，僧格林沁敗退張家灣，清廷乃派桂良與直督恆福前往議和，清廷因聯軍要求過重，又恃僧格林沁尚擁大軍在張家灣，桂良恆福既無締約全權，乃拒不批准，聯軍進逼北京，清廷派怡親王載垣至通州與巴夏禮談判，不諧，僧格林沁發兵捕獲巴夏禮，而與聯軍戰於張家灣，清軍敗退，帝幸熱河，派恭親王奕訢為全權大臣，往議和，聯軍索還捕虜，不答，遂入圓明園，掠奪珍寶，陷北京，舉圓明園之壯麗宮殿，付之一炬，清廷諸大臣皆私匿不敢出，經俄公使伊格那替業夫(Ignatieff)之調停，恭親王始當談判，九月十二日，締結北京條約即西曆一八六〇年事也。

## 中英北京條約

一　天津條約除今回改正條款外，皆實行。

二　中國政府允開天津爲通商口岸。

三　中國政府准華民赴英國所屬各地，或外洋別地工作，不禁阻；但中國得查情形會訂章程，以謀保護。

四　中國政府割九龍司地方一區爲英領地。

五　賠款改增爲八百萬兩，總數還清後，始撤分屯中國各處之兵。

## 中法北京條約

一　中國政府准法國傳教師在各省租買田地，建造自便。

二　天津條約商船滿百五十噸以上者，每噸課銀五錢；茲改爲四錢。

其餘各條，除與英約第四條外，大致相同。

條約既成，英法二國事件，始告結束，於美俄二國，果如何處置乎？此又不能不載明者也，咸豐八年，美國全權大使麗特(William B. Reed)與中國訂立天津條約十三款，中國與他國無論何項利益，許美國一體均霑，至於俄國，則因俄公使之調停有功，於咸豐十年十月初二，西曆一八六〇年，訂中俄北京條約，遂舉烏蘇里江興凱湖白稜湖瑚布圖河琿春河圖門江以東，九十萬三千方哩土地，盡行讓於俄國，嗟乎！中國之領土有限，列强之慾壑難塡，得寸進尺，寧有已乎！

### 寅　俄德法之干涉遼東半島及中俄之喀西尼密約

俄國之經營極東，欲於太平洋沿岸，得一自由出路，為西伯利亞鐵道之終點，及甲午中日之戰，訂立馬關媾和條約後，將遼東半島割讓於日，則不獨中韓之連絡已斷，而黃渤兩海之權，亦皆為日本所控制，俄國北直灣之入口，將受日本之箝制，於東洋方面，永無希望矣，安能再作壁上觀乎？於是運動德法，共同干涉，法本與俄同盟，德欲藉此機會，與俄接近，使俄法親密關係，為之鬆懈，欣然採取一致行動；遂於一八九五年四月，駐日三國公使，先後訪日本外務省，聲明奉本國政府之命，謂「日本若佔遼東半島，則非特中國之國都日危，即韓國之獨立，亦有名無實，乃極東和平之障礙，應特以誠實之友誼，勸日本政府放棄該半島之領有權，以保和平！」日本經三國干涉後，運動英美出而調停，英美謹守中立，蓋各國心中，無不懼日本之擴大勢力，獨占亞東利益也，當時俄國為干涉之主動力，急極備戰，俄國之太平洋艦隊，及停泊於中國日本各港之軍艦，均退歸港內，集中待命，日本不得已，乃照會三國政府，謂「日本政府依德俄法三國政府友誼之忠告，願將遼東半島永久佔有權。全然拋棄，」於是日本駐北京公使林董與李鴻章，締結返還遼東條約由俄德法三國公斷，中國出銀三千萬兩與日，為報償之費，遼東糾紛，始完全結東。

俄人既因及身之利害關係，干涉遼東半島，一方面對於中國。行其市惠政策，啟清廷聯俄之心，一方面以防禦日本之侵略為口實，實施其攫取滿洲之政策，我國當局猶夢然不知，密訂種種損害權利之條約，爭諸甲而讓之乙，此吾所未解者也！初，李鴻章出發馬關議和時，曾與駐華俄使喀西尼(Carsini)密約，謂俄苟能以力阻日戰後不索地於我，則此後軍事上及交通上，當與俄以便宜；及干涉遼東成功，欲履行密約，李已因外交上之舉措失當，為清廷免職，光緒二十二年四月，西曆一八九六年五月，值俄皇尼哥拉斯二世(Nicholas II)加冕大慶，喀西尼運動清廷派李鴻章為全權專使往賀，抵俄京聖彼得堡後，俄派其財政大臣微德(Witte)與李會議於莫斯科，訂中俄攻守同盟條約。

一　日本如侵略俄國中國或韓國之土地，中俄兩國即應實行攻守同盟，軍火糧食，亦應盡力接濟。

二　戰事中如遇必要時，中國所有口岸，均准俄國兵船駛入。

三　為行軍及運輸便利起見，中國允於黑龍江吉林地方，接造鐵路，以達海參威，此事可全權交與華俄銀行承辦。

但當時喧傳世界之中俄密約，與上全不相同，即所謂喀西尼密約是也。大約如下：

一　俄國得延長西伯利亞鐵道，假道中國，以至海參威，所需概用俄資，並完全由俄管理，三十年後，准許中國贖回。

二　俄國為保護起見，得於沿路屯駐軍隊。

三　滿洲鑛產，准中俄人民開採，滿洲軍隊，聘俄國將校訓練。

四　中國允以膠州灣租借於俄，以十五年為期。

五　遇必要時，俄國海陸軍隊得於旅順大連兩港集中。

此約訂定後，列强藉口均勢主義。遂將良好軍港，分租各國矣！

### 卯　各國勢力範圍之劃定及軍港之借租

俄既與中國訂成密約，得種種之權利，又欲攫取旅順大連，乃與德締結秘密條約，規定德先佔膠州灣，以便俄藉口佔領旅順大連，於是德欲乘機而動，俄惟翹足以待，光緒二十三年，西曆一八九七年，山東鉅野縣人民，殺害德教士二名，德國遂藉端遣軍艦突入膠州灣，駐京德公使遂向中國提出借租膠州灣案，清廷不得已，於光緒二十四年二月，西曆一八九八年，訂中德膠州灣借租條約三章：

第一章　膠州灣借租

一　灣內各島嶼，及灣口與口外海面之群島，又灣東北岸自陰島東北角起劃一線，東南行至勞山灣止；灣西南岸自薺伯山島對岸劃一線，西南行至笛羅山島止；又灣內全水面以最高潮為標之地，為租借區域。

二　租借區域、德國得行使主權建築砲台等事，但不得轉租於他國；中國軍艦商場，均照德國所定各國往來船舶章程，一例待遇。

三　租借期限，以九十九年為期，如租期內返還中國，則德國在該灣所用款項，由中國償還，另以相當地域讓於德國。

四　自膠州灣水面潮平點起，周圍百里之陸地，為中立地，主權雖歸於中國，然中國若備屯軍隊，須先得德國之許可，但德國軍隊，有自由通過之權。

## 第二章　鐵道鑛務辦法

一　中國准德國在山東築造自膠州灣經濰縣青州等處，至濟南及山東界，又自膠州灣至沂州經萊蕪至濟南之二鐵道。

二　鐵道附近左右各三十里(中國里)內之鑛產，德商有開採之權。

## 第三章　山東全省開辦各項事務之法

一　以後山東省內開辦各項事務，或須外資，或須外料，或聘外人，德國有儘先承辦法之權。

當德艦占據膠州灣時，俄國即命西伯利阿艦隊入旅順口，以防禦他國為辭，要求借租旅順大連二港，及築造自哈爾濱至旅順之鐵道權；並謂各國在中國皆有海軍根據地，俄國不應獨無，遂於光緒二十四年三月，西曆一八九八年，訂中俄旅順大連借租條約，其主要者如左：

一　中國將旅順大連灣二處，及其附近一帶之地，以二十五年為限期，租借於俄國；但期限滿後，得由兩國會商斟酌續借。

二　旅順口作為俄國海軍港，祇准中俄兩國船舶出入，大連灣開為商港，各國船舶皆得出入。

三　俄國自備經費於大連旅順建築砲台營塞，中國軍隊不准在界內住居。

四　自哈爾濱至旅大之鐵道，與自牛莊沿海濱至鴨綠江之鐵道，由俄國築造。

德俄兩國之借租條約既成，英法兩國之要求，遂接踵而起，英曾於光緒二十四年正月，與中國結揚子江不割讓於他國之約；法曾於光緒二十一年，與中國訂中法陸路通商續議專條，得孟連江洪龍州鐵道建築權二十三年，訂海南島不割讓於他國之約；至是法政府又提出要求四項：

一　廣東廣西雲南三省，不割讓於他國。

二　自東京至雲南府之鐵道，由法國築造

三　租借廣州灣九十九年。

四　郵便事務，由總稅務師（英人赫德）退下時，用法人承辦。

一二兩項，經總理衙門承認，第四項因英反抗，不能成議，第三項亦大體承認，因區域與期限問題，延遲不決，英國遂以己國對於中國南部數省之勢力，將被法國蹂躪為口實，要求租借九龍，中國嚴行拒絕，英公使强硬要求，謂法租廣州灣，香港陷於危境，中國倘能拒法不租廣州灣，英亦不租九龍，當時廣州灣之事，已大體承認，乃於光緒二十四年四月，西曆一八九八年，訂九龍租借條約。

一　自大鵬灣之西角起，沿大鵬灣北岸，以一直線橫貫九龍半島，沿深州灣北岸，與西方小半島，出外海以一直線南下，至南大澳島，西南海面東折，橫過香港南端，而東與大鵬灣南下直線相會合，凡線內九龍半島全部，香港附近大小四十餘島嶼，又大鵬深州二灣，及香港四近水面，悉為租借區域。

二　租借地以九十九年為期，歸英管轄，以不妨碍兵備為條件，中國官員仍可在城內司事，居民依舊樂業，大鵬深州二灣水面，中國兵船仍可使用。

同年五月，英政府又藉口租借威海衛，以制俄之旅順，强迫訂約如左：

一　威海衛灣內水面全部。灣內劉公島及諸島嶼，與沿灣濱岸達內地十哩之地，為租借區域。

二　以俄租旅順二十五年為限，

三　租借地歸英管轄，但限於不妨碍租借地之兵備，中國官員仍可在城司事，灣內水面，中國兵船仍可使用。

四 格格尼址東經一百二十一度四十分以東之海岸，及附近為中立地，歸中國管轄，但英國得於域內擇地戍兵卒，築砲台，為一切防護，與適用諸事務，又域內除中英二國兵外，不許他國兵進入。

英要求之條約，既先法而告成，法欲用强硬手段。威逼中國之許可，而速遂其願，會光緒二十五年夏，廣州灣附近遂溪縣，法國士官二名，宣教師一名，為地方殺害，法遂以軍艦突入內港，以剿暴徒為名，中國不得已與之訂廣州灣租借條約。

一 陸地南自遂溪縣所屬通明港，沿官道北至志滿墟，東北至赤坎更東進調神島北部，復東至吳川縣所屬西砲台後面之間，水面自吳川縣之海口外三海里之水面起，沿岸西進至南通明港口外三海里之間，又東海島硇州島之全部，皆為借租區域。

二 租借期限，為九十九年。

三 期限內全屬法國管轄，得為軍事上之設備，又對於人民得發布法令，但不妨害中國之主權。

四 中國船舶往來，準中國各通商口岸同一待遇，

五 亦坎至安鋪之間，法國得設鐵道電線。

於是兩廣與雲南為法國之勢力範圍，山東為德國之勢力範圍，內外蒙古為俄國之勢力範圍，英則兼俄法二國所獲之利益，北則與俄均勢，南則與法平衡，囊括吾國精華富裕之區，造成此四分五裂之局面，果

誰為厲階耶！

### 辰　意大利之要求及美國開放中國門户之宣言

光緒二十五年，意大利駐北京公使瑪爾七諾亦藉口維持均勢主義，向中國要求租借三門灣，中國政府嚴行拒絕，返其要求書，意公使不待其政府之訓令，向我國發最後通牒，派軍艦數艘，向中國出發，意政府聞之，急取消其最後通牒，蓋三門灣在福建舟山間，意政府於提議之前，先照會日英兩國政府，英政府曾附言，希望勿用兵力，意政府不欲背此項附言故也，結果，要求未成。

當時美總統麥荊萊(President Mckinley)覩列强對於中國之情勢，儼然與十九世紀初年，列强宰割非洲之局面相同，乃以超然第三者地位，謀世界公共之和平，於光緒二十五年八月至十一月，先後命國務卿赫伊(John Hay)向英德俄法日意六國，提出開放中國門户宣言書：

合衆國政府為欲除去各國將來衝突諸原因。與謀各國商工業同等之利益，希望對於中國要求勢力範圍與利益範圍之諸國，承認左之三條件。

一　各國對於中國所獲之利益範圍，或租借地域，或別項既得權利，互不相干涉。

二　各國範圍内之各港，無論對於何國入港商品，皆遵中國現行海關率賦課，(自由港不在此例)其賦課關税，歸中國政府徵收。

三 各國範圍港內之對於他國各入港船舶，不課本國船舶以上之入港稅，各國範圍內各鉄道，對於他國貨物，不課本國貨物以上之運賃費。

此宣言書發表後，英國首先贊成，蓋開放中國門户之政策，英國首先倡議，光緒二十四年，英外務次官，曾在議會中演説此宗旨，惟英政府處於嫌疑地位，不便發表耳，英政府既附和，德俄法日意五國，亦先後覆書贊同，美國國務卿，遂於西曆一九零零年(光緒二十六年)三月二十日，以各國皆贊成美國提議本問題確定之旨，通告各國政府，於是列强對華之獨佔利己政策，一變而為統一合議之緩和行動，以相互之利益，為相互之約束，以中國為公共之市場，以經濟為侵略之中心，各國之勢力範圍，固依然存在，然此利益均霑之新主義，實足以救中國於瓜分之場，我國倘能急圖振作，馬得謂非予我以自强之機乎？奈數十年來，徒見國人為鷸蚌之爭，列强為慢性蠶食，遂致中國經濟，陷於絕境，此愛國男兒為之歎息痛恨者也！雖然美之為此宣言，非僅為世界謀和平，亦為其本國謀利益也，當時歐西列邦，產業革命，次第完成，生產力既發達，則須注意原料之供給問題，及製造品之推銷問題，供給原料，必求之於有原料而不能自製之經濟落後之國，推銷製造品，亦須有購買力而不能自製之經濟落後之國，中國經濟落後者也。以人口土地而論，實各國之一大銷貨市場也。美若坐視列强各據要港，占華貿易之特權，不與他國均霑，則美之商業方面，將大受其影響。故開放中國門户之宣言，亦所以擴張其經濟勢力於中國也。

## 已　八國聯軍

中國人民，素富排外觀念，自鴉片戰爭以後，備受列强之壓迫，皆敢怒而不敢言，奈清廷腐敗，有激昂之民氣，而無可戰之準備，不可戰而戰，此所以召八國聯軍之禍，而無法措置也。光緒二十五年，山東巡撫毓賢，請朝廷招撫義和團，謂其忠君愛國，有驅逐洋人之能力，清端郡王載漪深信之，遂獎勵義和團。夫義和團者，原出於白蓮教，白蓮教之名，始於元朝之韓林兒。至清嘉慶間，嚴禁白蓮教，其教分為天理八卦二派，義和團之名，亦起於此時，為八卦教之一派，稱八卦教義和門，復因朝旨嚴禁，改稱梅花團、大刀會、紅燈會等名目，迷信神權萬能，散居各省，以山東為最多，當時標扶清滅洋之宗旨，迎合潮流，見朝廷招撫，遂集於津京一帶。二十六年四月，當設壇練拳之時，值易州鄉水縣人民，與天主教徒訟敗、大起義和團之憤，欲為焚殺之暴舉。教堂告急於總督，總督派楊同福往鎮壓，至則教堂已焚，教徒被殺者，六十餘人，同福責其狂暴，義和團大怒，與戰，同福敗死。義和團遂陷琉璃河長辛店盧溝橋豐台諸鎮，破壞沿路鐵道電報，北京與保定間之交通斷絕，各處外僑，倉皇逃北京，駐京各國公使，力請近海各國水兵入京，護衛使館，總理衙門允之，五月四五兩日，英法美俄意德日七國水兵，共計五百餘人，先後進北京，載漪不以為然，大倡利用義和團以張國威之論，十四日，總理衙門溫和派慶親王奕劻等退職，政權全入於排外派之手。當時甘肅提督董福祥，已奉詔率領甘軍至京。十五日，甘軍殺日公使館書記杉山彬於永定門外、義和團乘勢燒京城內外教堂洋房，正陽門外之繁盛街市，三千餘戶，付之一炬，清廷於是召集諸大臣，會議剿撫義和團之利害。結果，多數朝臣主張撫循，議決三事：一保護義和團。二不攻公使館。三拒絕洋兵上陸。當時各國兵艦，已齊集大沽口，因交通斷絕，不知諸公使安危，又英國海軍中將西摩亞(Sem-our)所率援軍，被義和團困於楊村廊坊間，天津租界，又有圍攻之勢，各國軍艦於是攻陷大沽砲台，清廷聞警，孝欽后受排外派之慫恿，決定宣戰，遂限二十四小時內，逼各國公使退出，德公使克林德(Kettler)親往總理衙門要求，途遇甘軍，被殺。五月二十五日，排外派發宣戰詔，命莊親王載勛與剛毅統率義和團勇拒聯合軍，孝欽后又令董福祥攻東交民巷公使館，並訓令各省燒教堂，殺教民。時李鴻章為粵督，聞之大驚，偕江督劉坤一，鄂督張之洞，川督奎俊，閩督許應騤，及皖鄂湘粵等巡撫，連合上奏，謂「亂民不可用。兵釁不可開」，清廷置若罔聞，於是各省議劃保東南方策，與各國駐滬領事議定，東南保護條約九款，故東南半壁，得以安寧。山東亦因袁世凱剿討義和團，未受影響。六月十七日，聯軍依日本福島司令官計劃，為天津總攻擊，各國兵額總數，為一萬四千，中國附近天津之軍隊，有直隸提督聶士成軍二十五營，浙江提督馬玉崑軍十五營，天津鎮總兵羅榮光敗退之兵三千，總督裕祿直轄之兵二千，兵力尚厚；，奈聯軍砲火，猛烈難敵，聶士成中彈亡，天津遂陷。七月，聯軍進陷北倉，占楊村張家灣，破通州，直犯北京。二十日，孝欽后與德宗倉皇出走，馬玉崑殿軍，向萬壽山出發，依居庸關岔道而行，王公大臣皆步從，萬山重疊，道路崎嶇，心急行遲，人馬俱倦。八月二日，抵太原，閏八月八日，由太原西幸長安，聯軍已於七月二十一日進城，大肆焚掠，皇都寶物，遂分散爲聯軍戰勝紀念品，城兵戰死者二千餘，傷者呻吟於地，文武官之自殺及舉家投井投城自盡者，不可勝數，城中紛亂異常，後各國派德軍都督瓦爾德西(Wolde-rs)爲統帥，始稍有秩序。此時滿洲方面，已爲俄軍佔領；聯軍入北京後，俄國欲得中國政府之歡心，謂出兵滿洲，係保護鐵路起見，待滿洲恢復秩序，即當撤兵。又勸各國撤退北京之兵，當時雖未經各國允許，而各國亦各具意見，法國乃提出議和案六條：

一　在北京各國公使指定之罪犯元魁，處適當之罰。

二　禁止中國輸入兵器。

三　中國對於各國政府及各私人，出相當之賠償金。

四　爲保護公使館，各國組織護衛兵往北京。

五　拆毀大沽砲台。

六　天津北京間，擇二三地方置守備兵，以保大沽至北京之交通自由。

經多次會議，乃將法國提議，作爲原案，斟酌損益。中國方面，命慶親王李鴻章便宜行事，十一月初二日，我國全權大臣與列國公使會於西班牙公使館。談判最難解決者，爲元兇處罰及償金問題。直至光緒二十七年七月二十五日，西曆一九〇一年，和議始成。訂辛丑北京條約，其重要者如左：

一　撫恤被害公使。

二　懲辦兇手。

三　賠銀四萬萬五千萬兩

四　派醇親王載澧，戶部侍郎那桐分赴德日謝罪。

五　約成兩年以內，中國允許禁止軍火入口。

六　許各國駐兵京城，保護使館。使館界內，不准華人居住。

七　將大沽砲台及有礙北京至海濱間交通之各砲台，一律削平。

八　承認各國占領黃村廊坊楊村天津軍糧城塘沽蘆台唐山昌黎灤州秦皇島山海關等處，以保北京至海濱無斷絕交通之虞。

九　各仇教州縣，停止考試五年。

從此中國主權上，經濟上，又受莫大之損失，賠款一項，依當時戶部奏案，本利總額共達九億八千二百二十三萬八千一百五十兩，其實不止此數。又因約條之規定，不以海關銀兩為標準，而以兌換金貨率為標準，成為金貨負債。光緒二十八年以來，銀價忽然低落，每年按表償還外，須額外津貼海關銀三百萬兩，云。

午　中俄密約及英日同盟

光緒二十七年正月，當北京談判未就緒時，倫敦太晤士報忽載中國駐俄公使楊儒與俄國外務大臣拉斯多穆福締結滿洲密約。其內容大旨如下：

一　東清鐵路公司，有置兵保護鐵路之權，現地方未靖，不應撤兵，暫留一部駐屯。

二　若遇事變，留駐之兵，得以全力協助中國彈壓。

三　此次滿洲事變，攻擊俄軍者，多係官軍，因此鐵路未竣工，與列車未開運以前，中國不得設置軍隊，他日設置軍隊時，須先商得俄國同意。

四　滿洲之將軍大員，辦事不合邦交者，經俄國聲訴，即與革職，所設步馬巡捕，須與俄國商定數目。

五　中國照前成議，北方之海陸軍，不用他國人訓練。

六　為保全地方起見，旅大租借條約中第五款之隙地，由地方官別立專章治理，並廢除光緒二十四年旅大租借條約第四款之金州行政權。

七　國界各處滿蒙及新疆之塔爾巴哈台伊犁克什噶爾葉爾羌和闐等各處之鑛山鐵路，及他項利益，非俄國許可，不得讓與他國，或他國人；又非俄國許可，中國不得自行築路。

八　鐵路與公司技師，所受毀損，及工事遲誤之損害，均由中國與公司商議賠償。

九　中國允俄國得由東三省鐵路幹線，或支線，修一路向北京，○至長城，其路準現行鐵路條約辦理。

此項消息傳出後，英美政府，均向俄質問，俄外相力辨無此事，後楊儒將此約電奏勵李鴻章轉奏請旨，李鴻章乃將斯約提示各國駐京公使，日英美德與意六國，先後向中國政府警告，表示反對，中國乃拒絕批准，俄國不得已，遂申明廢棄密約。光緒二十七年九月中旬，俄駐京公使與李鴻章秘密協商其條約，因嚴守秘密，不得而知，據當時外間推測所得，大約如下：

一　俄國以一年內撤退奉天之駐兵，兩年內撤退吉林及黑龍江之兵。

二　俄國將滿洲及牛莊與山海關鐵道，交還中國，但中國不得將該鐵道保護權，委諸他國。又牛莊鐵路，日英兩國之軍隊，不得由此輸送，中國修築支線，須得俄國同意，不得將此路渡過遼河，及阻害俄國商業上之利益，俄國對該路所費一切費用，概由中國支償。

三　滿洲軍隊用俄將訓練。

然此次密約，因劉坤一張之洞之聯名奏請拒絕，又未得批准，則俄國不肯無條件而撤兵，各國不能不因之而忌俄，倘滿洲為俄所據，日本非特不能伸其勢力於亞東，實逼於區區小島，亦岌岌可危，故不得不聯英以禦俄矣。英之願與日共拒俄者，因俄之在滿洲與西藏活動，極礙英國之遠東政策也。遂於光緒二十八年正月初四，西曆一九〇二年一月三十日，日本駐英公使林董與英國外務大臣蘭斯頓締結英日同盟條約如左：

一　兩締盟國以互相承認中韓兩國之獨立，聲明該兩國無論何方，不為全然侵略之趨向所牽制；但兩締盟國之利益，卽英國以對於中國之利益為主，日本以對於中國之利益，及韓國政治上工商業上之特殊利益為主，若因他國侵略行為致締盟國之利益受損害，或因中韓兩國，自起騷擾，致締盟國之利益及臣民之生命財產受侵害，兩締盟國為擁護該利益起見，各得執行必要之手段。

二　兩締盟國，若一方因防護利益，與乙國交戰之時，他一方之締盟國，須守嚴正中立，並努力妨礙第三國加入乙國與同盟國交戰。

三　上記戰鬥中若他一國，或數國，加入敵國與同盟國交戰之時，他一方之締盟國，卽當出兵援助，協同戰鬥，媾和亦與該同盟國合意為之。

四　本協約自調印之日起，五年間有效力，若第五年期滿時之十二個月以前，兩締盟國皆不照會廢約，則本協約以締盟國一方表明廢約意思之日起，仍繼續一年有效力，但此一年間期滿時，若締盟國一方面在交戰中，則本同盟之效力，必繼續至媾和結局之時。

此約締結後，俄國遂將俄法同盟之範圍擴大，包括遠東問題，以敵英日，一面聲明將滿洲駐兵，分三期陸續撤退云。

末　日俄之戰

光緒二十九年三月十五日，爲俄國第二次滿洲撤兵日期，當時俄國非特延遲不撤，且將第一期撤去之軍，悉數調回，向中國提出要求七款，大旨欲將滿洲門戶閉鎖，歸俄國保護。因日英美三國反對未成。五月初旬，又提出新議五款：

一　擴張華俄道勝銀行之營業權，凡東三省中國經營之事業，與中俄共同事業，悉由該銀行貸給資金。

二　營口稅關事務，今後二十年，委華俄道勝銀行管理。

三　奉天吉林二府，交涉員由中俄兩國委員組織。關於兩國之政治軍事經濟衛生司法等，相互協商辦理。

四　由北京至張家口經庫倫達哈克圖之蒙古鐵道，歸華俄道勝銀行修造。

五　西藏西北部，行中俄協同行政制度。

觀以上各項條約，俄國之野心，完全畢露，中國未加允許，而日俄戰雲，愈逼愈緊，日本因俄之干涉遼東事件，懷恨殊深。又因中俄之喀西尼密約，將滿洲築路權，全讓於俄，日本在朝鮮之勢力，又被俄排斥，於是日本忍無可忍矣。五月初九，俄國陸軍大臣克魯包特金(General Kuropatkin)至日本東京，觀察虛實，閏五月十二日，回旅順，召集極東俄官大會：定對滿韓方針，遂強迫韓國允許已過期之採伐森林權利條約，並要求租借龍岩浦，不待韓廷之允許，而改稱其地為尼哥拉斯堡，布設砲台電線，日本駐俄公使栗野，乃於光緒二十九年六月，向俄外務省，提出滿韓交換條約：

一　尊重中韓兩國之獨立，保全其領土，對於兩國之工商業。彼此互守機會均等主義。

二　俄認日對韓之卓越利益，日認俄對滿洲經營之鐵道特殊利益。

三　以不違反第一條為限，日對韓，俄對滿洲，不妨礙締約國之工商業活動，韓國鐵路，延長至滿洲南部與中東路及山海關牛莊鐵路相接時，俄不阻礙。

四　為保護第二條所述之利益，日對韓，俄對滿洲，派兵時所派之兵，不得超過實際必要之數，事定即撤。

五　俄認日對韓改革，有與助言及助力，並含軍事上援助之專權。

俄國提出對案，將日本之權利，加以限制，又將滿洲利益，置於日本利益範圍之外，日小村外務，與俄使幾次交涉，毫無結果。乃於十二月十八日，對俄提出絕交公文，命駐俄使臣歸國，二十四日，（西曆一九〇四年二月十日），兩國下詔正式宣戰，各國先後宣告中立。日公使內田康哉向中國勸告，於日俄戰爭時，守局外中立之例，並通牒英美德法與意諸國，要求保證俄不破壞中國之中立，各國一致贊同，光緒三十年正月初二日，西曆三月十三日，中國向日俄兩國，宣告中立，並謂東三省疆土權利，無論誰勝誰敗，仍歸中國自主，不得占據，日俄均覆牒承認，美國又向日俄兩國勸告，劃定中立地帶，於是劃遼河以西為中立地帶，遼河以東，為交戰區域，當是時也，日本艦隊，已開始出發襲擊旅順之俄艦，蓋日本之作戰計劃，欲將精兵集於關東州，一方面控制黃海與日本海之海上權，惟欲調兵關東，須先肅清黃海與日本海之海道，旅順扼黃渤兩海之咽喉，口狹而內寬，入冬不冰，為東亞第一良港，天然險要之區，日本聯合艦隊司令東鄉平八郎，主張實行閉塞港口，自正月十九日（西曆二月二十四日）起，前後實行閉塞，凡三次，閱時兩月，日本方面，死亡相繼，旅順口卒為閉塞，六月二十九日，西曆八月十日，旅順港內之俄艦十八艘，逃出港口，日艦遮道迎擊，俄艦一半退守港內，一半退往庫頁島芝罘膠州灣上海各處，同時海參威之俄艦，亦被日艦擊敗，日本先後五次，總攻旅順，將要塞完全攻下，於是旅順之俄軍，無險可守，遂降。當時陸軍戰鬥，亦已開始，鴨綠江一戰，俄軍敗績，日軍乘勝直向遼陽，日滿洲軍總司令大山巖進駐滿洲，節制諸軍，分三路進迫遼陽，時遼陽駐兵十萬，克魯包特金為俄軍總指揮，因困守無援，被日佔領，於是俄人急將西伯利亞鐵道築成，調集大軍，集中奉天，計有九師團左右。八月二十日，西曆十月二日。俄軍反攻遼陽，不克，死傷四萬餘人，日軍死傷一萬六千餘人；嗣後雨雪連綿，北風凜冽，氣候之寒，墮指裂膚，雙方各按防地休養之際，克魯包特金忽出奇兵，繞遼西中立地帶，襲擊牛莊營口之日軍，果獲勝利，光緒三十一年正月初一，西曆一九〇五年二月初旬，日俄兩軍大戰於奉天，俄軍四十三萬六千，日軍三十五萬，戰線綿亙四十餘里，彈雨連天，腥風匝地，橫飛血肉，化作煙消，激戰二十餘日，俄軍大敗，死傷十三萬，克魯包特金辭職，大將李尼維齊(Linievitch)代理敗兵，日本方面，死傷四萬餘人，雖曰戰勝。原氣大傷矣！此時俄國波羅的海艦隊，已奉令出發，參加戰爭，共四十七艘，由中將羅哲斯德威斯克(Rozhdeotvenski)，及少將尼波喀多福(Nebogatov)先後分隊率領東航，會合於西貢北面之漢白而灣，此處為法領土，因日向法抗議，法國不得不催俄艦退出，於是俄艦欲往海參威，先行分隊遊弋黃海，日東鄉平八郎司令，料俄艦必從對馬峽北上，於此預為布置，四月二十四日。西曆五月二十七，俄艦至對馬水道，日艦遮道迎擊，俄艦敗退，日本又集中主力艦於鬱林島附近，乘夜襲擊，復大破之，四月二十五日，西曆五月二十八日，俄將羅哲斯德威斯克及尼波喀多福遂揭旗求降，於是俄國之海陸軍，皆一蹶不振，遠東方面之重要口岸，喪失已盡；加之以內亂漸起，(見附註)重之以經濟恐慌，(宣戰後共募外債十五萬萬法郎)已失卻戰鬥能力，日本方面，銳精之軍隊，已死亡殆盡。(前後共計達二十餘萬)財政亦竭蹶異常，(宣戰後共募內外債二十一千萬)各國之議論，忽轉而袒俄，亦至聲嘶力竭之境矣。光緒三十一年五月十一日。西曆一九〇五年六月九日，美總統羅斯福(Roosevelt)向日俄提出勸告，謂謀人類幸福，終止戰爭，由兩國直接講和，兩國均表示贊同，決定在朴資茅斯島(Portsmouth)會議，先結休戰條約，後由日本首席全權小村壽太郎，提出媾和條件，凡十二條，大都割地償金之嚴重條件，俄國首席全權微德聲明，俄為戰敗國，非被征服國，割地償金之條件，不能承認，於是從七月初十日起，(西曆八月十日)直至七月二十九日，(西曆八月二十九日)經十一次會議，而成和約如左：(共十五條，茲述其重要者)。

一　俄國承認日本對於韓國，有政治上，軍事上，及經濟上之卓絕利益，日本對於韓國行指導保護及監理之必要處置時，俄國不阻礙干涉，但俄國臣民在韓國者，受最惠國臣民之待遇。

二　遼東半島租借地域外，現時日俄兩國軍隊佔領之滿洲全部，付還中國全屬中國行政。

三　中國因使滿洲之商工業發達，為各國共通一般之設置時，日俄兩國互不阻礙。

四　俄國以中國政府之承認，將旅順大連及其附近領地領水之租借權，與租借權效力所及地域之一切公共房屋，財產，均讓於日本，但在該地域內，俄國臣民之財產權，受安全之尊重。

五　俄國以中國政府之承認，將長春旅順間之鐵路，及其一切支線，幷同地方附屬一切特權及財產，與所經營之一切炭坑，無條件讓於日本。

六　日俄兩國於滿洲各自之鐵路，相約限於商工業之目的經營，決不為軍略上之目的經營，但遼東半島租借地之鐵道，不在此限。

七　日俄兩國為增進交通運輸，且使便宜為目的，使滿洲之鐵道相接續，另訂別約規定接續業務。

八　俄國將庫頁島北緯五十度以南之半部，及其附近一切島嶼，與該地方內之一切公共房屋財產之主權，完全讓於日本政府，但兩國皆不於庫頁島及附近島嶼之自領內，建築堡壘及其他軍事上之工作，又相約不為有妨害宗谷海峽及韃靼海峽自由航行之軍事上事件。

九　俄國許日本臣民，於日本海鄂霍次克海白令海之俄領沿岸，有漁業權。

和約既成，日俄之衝突，始告一結束；然觀以上之和約，顯然將滿洲瓜分為二，北滿為俄國之勢力範圍，南滿為日本之勢力範圍，俄國既不能伸其勢力於南滿，乃用北滿為根據地，而注其全力於蒙古一帶，嗚呼，戰事因爭奪中國之土地而起，戰爭之區域，在中國境內，休戰之條約，則劃分其勢力範圍於中國之領土，我國始則作壁上觀，使人民受其戰禍，繼則作幕上燕，不知有墮卵之危，可慨也夫！

附註　日俄戰爭時俄國之內亂　俄國種族複雜，異種民族，時時作亂，當日俄戰爭激烈時，內務大臣微德(Witte)遇刺，芬蘭總督馮百雷夫(Von Plehve)被炸。

申　五國五釐金幣大借款

民國成立後，內閣總理唐紹儀與美法英德四國銀行團，商借六億元之巨款，為解散南京政府，組織北京政府，及改良貨幣，振興實業之用，銀行團恐招日俄之忌，乃勸日俄亦加入借款團，以免日後之衝突，日俄遂以不干涉滿蒙之利益為條件而加入，蓋此時日俄間已訂二次之剖分滿蒙密約，又以西藏歸英之勢力範圍，而得英之承認也：日俄既加入，共同合議，必得財政上之監督權，惟美國認為不當，退出借款團之外，而我國袁世凱正做帝皇痴夢，急欲大借款之成功，遂如日俄之願，以不妨害二國在滿蒙之利益為前提，成立五國銀行團二千五百萬金鎊之大借款契約，並規定用外人稽核鹽務，審計用途，開外人干預財政之端，此民國二年四月事也。

### 酉　日俄同盟與日美協定

民國三年，西曆一九一四年，歐洲之世界大戰發生時，日本出兵山東，迫中國承認二十一條之中日協約，當時美國曾向日本宣言，謂「如侵害美國與中國條約上之權利，或侵害中國之獨立及領土，及列國工商業均等主義者，美國斷不承認云」，日本恐歐戰結局後，美國與列强聯合對付，欲謀一種保障，乃向俄表極端之好意，聲明俄在亞東之軍力，可調赴歐西備戰，日本將代負防護之責，並資助軍需品云，俄國因此大加感謝，日本遂乘機倡日俄同盟，民國五年一月，俄大公使至東京，賀日皇登極，日人為隆重之歡迎，而交換兩國同盟之意見，七月三日，兩國發表日俄新協約，其第二條云：兩締約國之一方，在極東之領土權及特殊利益，為他一方所承認者，如被侵迫時，日俄兩國應協商防護此等權利利益應取之手段，此協約之外，另有密約，規定日俄互助之義務，幸此約於民國六年，西曆一九一七年，俄國革命成功，經勞農政府宣告無效云。

日本旣於民國五年七月，締結日俄協約，並秘密同盟，以防美國之反對，明年春，又與英法俄意四國結密約，令四國承認德國所有山東之權利，慫慂日本，日本乃允許中國對德參戰，惟美國尚未受其籠絡，後日本派石井菊次郎赴美，與美國務卿蘭辛氏討論參戰各案，而其主要任務，則欲使美國正式承認日本在中國之特殊關係。民國六年十一月二日，兩國交換照會，其中第一條文云：美日兩國，承認領土相接近國家之間，生特殊之關係，此協定發表後，日人大喜，以「特殊利益」四字，為包括中國之內政外交各政權而言，實則蘭辛氏被石井巧妙之言詞所朦，以為利益之意義，全限於工商業之經營而止，我國乃發通牒於各國，表示不承認日美協定之意，美國亦不滿日本之所為，乃於民國十二年，西曆一九二三年，因華盛頓會議，而正式廢棄此項協定之照會。

## 戌　金佛郎案及中法協定

民國二年，法國在華設中法實業銀行成立時，卽攫得欽渝鐵路借款權、借款二千四百萬鎊，年息五釐，而其所交之三千二百餘萬佛郎，徒供袁世凱帝制之用，歐戰期間，巴黎總行提取現款，歐戰結束，物價低落，該銀行大受虧折，於民國十年，西曆一九二一年倒閉，我國周自齊李思浩等以私人存款倒閉之故，百端設法恢復，遂於民國十年間，徐世昌總統任內，與法公使迭次磋商，假法退還庚子賠款之名，為恢復該銀行之用，至民國十一年七月，成立中法實業銀行之復業協定，該協約表面，於中國無損，然內中含一大問題，即法國欲該銀行復業，必須令中國變更歷來電匯庚子賠款之辦法，而以折合硬金計算，即還金佛郎是也，蓋歐戰以前，佛郎能維持票面之價格，中國電匯還款，於彼無損，戰後佛郎跌落，中國還償庚子賠款，祇以往年海關銀兩之半數，即足匯清法國應收賠款之佛郎，故法國除用此種手續外，不能使該銀行復業也，協約成立後，法公使復唆使比西意三國，共同向中國要求賠款用金佛郎計算，西班牙且要求補償已付還五年紙佛郎之虧折，迨民國十二年二月，張紹曾組閣時，閣員不悉該案底蘊，於國務會議，通過賠款用金佛郎案，照會各國；時國會恢復，將此案提交議決，國會大加反對，乃商請辛丑和約諸國，將其管握中國之關餘鹽餘兩項，按照金佛郎計算。自民國十一年十二月起，由總稅務司盡數扣留，在此案未解決前，不准中國政府提用，至民國十三年十一月，北京政變，段祺瑞稱執政，因財政困難，欲提用該款，奈段在野時，曾發電反對金佛郎案，又不便公然提取，乃由財政總長李思浩，外交總長沈瑞麟，與法使密商一面承認賠款照硬金計算，一面表明按照電匯方法計算，改為電匯美金，以掩國人耳目；李思浩為此中法協定，自知責任重大，呈請段氏批交司法部審查後，乃由外交總長沈瑞麟於民國十四年四月，西曆一九二五年，與法公使互換條文，法國承認賠款展緩兩年，而將其扣留兩年之一千數百萬元，交段提用，中法之金佛郎案，至是遂告解決。意比西三國，亦援例而解。於是我國輿論，咸謂該案黑幕重重，司法部員以該案經部審查之故，自起訾議，司法總長章士釗因自請查究，段政府批檢察廳查辦，後經檢察官翁敬棠調查該案，將李思浩沈瑞麟章士釗應得之罪，呈請檢舉，段政府令高檢廳，發免訴處分書了結。

## 亥　五卅慘案

民國十四年（西曆一九二五年），上海普陀路日商內外紗廠，虐待華工，發生風潮，廠主槍斃工人代表，其中顧正紅遭擊斃，餘皆受傷，工人乃向公共租界工部局請驗，工部局反將工人拘禁，工人四出呼救，上海各報館，因助工人曾受工部局之懲戒，不敢預聞，我國滬地學生，見外人之無理壓迫，大動公憤，組織雪恥會，竭力援助，嗣後各團體為遭難之工人代表顧正紅，開追悼會於潭子灣，上海大學之平民學校，到會參加，中有數人手執小旗，書援助紗廠工人等字，為外國巡捕驅散，並捕去學生朱義權等四人，此外文治大學學生，在路上募捐救濟工人，亦捕去二人，上海文治兩大學，設法保釋，捕房不允，派交涉員交涉，亦無結果，於是上海學生聯合會，於五月二十九日，議決組織演講隊，五月三十日，各校學生，全體出發，至各馬路分隊演講，散發傳單，大旨為援救被捕學生工人，反對帝國主義，西捕乃任意拘捕，自晨至午，學生拘禁於各處捕房者，不可勝計，下午三時後，有學生二百餘人，會於南京路浙江路口，沿南京路西行，遇見二學生，被捕前行，乃尾隨而往，願一同被捕，至老閘捕房門前，英捕頭愛活生（Edward William Everson）忽召集通班巡捕，下令開槍，副捕頭英人梟威兜（Shellswell），首先向羣衆射擊，於是全體巡捕，一律開槍，羣衆猝不及防，蜂擁狂奔，西捕竟不以我同胞為人類。瞄準射擊，試其槍法，如獵獸然，槍聲起處，彈即隨至，屍横道路，碧血四濺，死傷者達五六十人云。（其中學生占小部份，大部份為看熱鬧之羣衆）。慘案發生，全滬憤駭，罷工罷市，英人不獨無悔禍之心，且商同領事團，調集萬國義勇隊及外艦，上陸遊行示威，宣布戒嚴，凡遇遊行演講者，悉以武力擊散，西人猶欲賈其餘勇，在十餘日中，上海重演慘劇，至九次之多，共死我國徒手工人學生六十餘人，重傷七十餘人，且將兵力解散同德醫校，上海大學，及大夏，南方，文治各大學，六月七日，我國政府派蔡廷幹曾宗鑒至滬交涉，上海市民方面，組成工商學聯合會，議決條件，請交涉員提出，內容如左：

一　撤銷非常戒備。

二　釋放被捕華人恢復學校。

三　懲兇。

四　賠償。

五　道歉。

六　收回會審公廨。

七　罷工工人復職，不復扣薪。

八　優待工人。

九　工部局董事會及納稅代表會，由華人共同組織。

十　制止越界築路。

十一　撤消印刷附律碼頭捐交易所領照案。

十二　華人在租界有言論集會出版自由。

十三　換工部局總書記。

以上各條件提出後，經駐京外交團派來之委員會議數次，聲明前五項可以接受，後八項與此案無涉，無權接收，六月十八日夜，使團委員卽離滬返京，五卅慘案，當時一無結束。

### 子　漢口事件及沙基慘禍

民國十四年六月十日，英商輪至漢口，苦力搬物起岸，稍有錯誤，卽被該公司職員打傷，於是全體苦力，一致罷工示威，英領事竟調集水陸軍隊於各要口，佈置機關槍，趁羣衆遊行熱烈之際，突然掃射，轟死工人數十人，傷百人，我國提出嚴重抗議，英公使反謂華人排外，使外人之生命財產，處於危險地位，請中國政府慎重注意，我國政府竟忍氣吞聲，對於民族運動。反加限制，漢口事件，無結束。

外人既屢次慘殺華人，以中國政府無能為力，愈氣燄萬丈，同年六月二十一日，廣州沙基華工，為聲援五卅慘案，自動罷工，英人睹此情狀，故態復萌，調集水陸軍隊，關閉沙基兩面鐵門，如臨大敵，當羣衆遊行散發傳單，高呼口號之際，劈拍之聲。忽起於耳側，嗚呼！此何聲耶？非外人之槍擊聲乎？彼挾其新式利器，以我國之徒手人民為試驗品，頃刻之間，已將我同胞熱血，染紅廣闊之道路矣！此次之槍擊，法人亦與，我華人死傷者達五百餘人，慘禍之烈，勝於五卅，政府雖提出抗議，而柔弱無能，早在外人意料之中；於是蒙難同胞，飲恨吞聲。一抔黃土，長埋英靈，惟有望後來者之努力，一雪此恨矣！

### B 邊疆之侵削

#### 甲 俄之侵略新疆

俄國併吞中亞細亞後，乃從事新疆侵略，乘新疆回亂之起，以守禦為名，派兵進佔伊犂，我國同治十年五月事也。清政府提出交涉，則答以清廷威令，久不行於此地，俄以出於維持邊境安寧之必要，絕無併吞土地之心；倘中國威令，能再行於伊犂可保國境安全時，即當返還。於是我國欲索還伊犂，惟有先平回亂。光緒元年三月，（西曆一八七五年）。任左宗棠為欽差大臣，督辦新疆軍務，率兵平亂，閱年，新疆全平，光緒四年，中國派吏部侍郎崇厚為全權大臣，赴俄索還伊犂，崇厚無外交才，為俄所脅，於光緒五年，訂釐窪薩條約 (Treaty of Liradia) 十八條，規定償還俄國佔領費五百萬盧布，而將伊犂南部之特克斯河流域之廣大平原，盡行讓於俄國，收回者，僅伊犂空城而已，清廷聞之，大怒，非特不將此約批准，且欲下崇厚獄，處以死刑，俄政府聞之，亦怒，兩國之交將破，各自備戰，會英將戈登 (Gordon) 以助剿長髮有功，為清廷所信用，力勸依平和交涉，修正前約，勿開戰端，駐英公使曾紀澤，亦上疏力諫，云主戰非計，請赦崇厚罪，以和俄國感情，清廷從之，乃遣曾紀澤使俄，改訂付還伊犂條約，曾紀澤主張破棄前約，另從新議，俄外務大臣吉爾斯（Geire）與駐華公使布策（Butzow）主張以前約為基礎，經多次辨論，雙方讓步，於光緒七年正月二十六日○西曆一八八一年二月二十四日○改締還付伊犂條約。其主要者如左：

一　中國賠償俄國，自同治十年至今，代伊犂所費之軍政費九百萬盧布，俄國即將伊犂歸還中國。

二　自伊犂西部別珍島山順霍爾果斯河過伊犂河，南至烏宗島山廓里札特村，沿此等地劃一線，以西之地，割讓為俄國領土。

三　俄國照舊約在伊犂塔爾巴哈臺喀什噶爾庫倫設立領事外，亦准在肅州及土魯番兩城，設立領事，其餘如科布多烏里雅蘇臺哈烏魯密木齊古城五處，俟商務興旺，由兩國商議陸續添設。

四　蒙古各處各盟，均准俄人貿易，照舊不納稅；並准俄民在伊犂塔爾巴哈臺喀什噶爾烏魯木齊及關外天山南北兩路，暫不納稅。

此約訂定後，伊犂事件，始告結束，清廷亦漸悟邊防重要，光緒十年，下令改新疆為行省。

乙　俄之窺伺西藏

俄之東方經營，既從事於蒙古黑龍江一帶，復欲伸其勢力於西藏，乃利用佛教以行政治上之策略，准布里雅多人，信教自由，且保護而獎勵之，於是布里雅多族之喇嘛，至西藏修學者日衆，同時俄政府亦多誘是等青年，至本國修學，其中有德爾智者，穎敏有才，俄皇乃優遇之，授以經營西藏密策，給巨資往西藏留學，我國光緒初年事也。德爾智留學數年，已深通藏文，遂彼選為達賴喇嘛十三世之侍講，德爾智於是以防英親俄，脫離中國為惟一教旨，達賴十三，遂睠睠於親俄主義，光緒二十五年冬，俄皇尼哥拉斯二世，遣使齎物，至剌薩，達賴十三大喜，翌年九月，遣大僧至俄答拜，斯時我國以八國聯軍入北京，無暇詰責，光緒二十七年夏，達賴十三復遣使至俄，俄皇待遇隆重，時北京之和議，尚未成功，中俄二國，除滿洲密約外，更有西藏密約之風說，英國輿論大激昂，俄政府聲明絕無其事，光緒三十年，英國乘日俄開戰時，派兵侵入西藏，達賴十三欲奔俄，聞俄軍連戰皆敗，乃託言訪庫倫大喇嘛而歸，俄國窺伺西藏之計劃，一時雖不克成功，然野心未已，不肯措而弗問也。英國亦有同樣之野心，豈肯落諸他人之手？故於光緒三十三年八月。西曆一九〇七年八月，英俄二國訂西藏協約，認西藏為中國所有，兩國互不派代表駐剌薩，從前二國之爭先侵略，一變而為保全之策，西藏乃暫得安全。

### 丙　英之經略西藏

英滅印度後，欲開一與西藏交通之路，侵入內地，察以哲孟雄為便利，哲孟雄王國在喜馬拉雅山中，尼泊爾不丹之間，為西藏之天然附屬國，嘉慶十九年，英與尼泊爾戰，割其一部份土地，以與哲孟雄國王，使之親善，漸將哲孟雄全入英國之勢力範圍，又將尼泊爾不丹先後征服，於是西藏之屏障盡撤，英人欲探測西藏，西藏人急烈反抗，結果，英人中止入藏，西藏人以為英使節中止，係畏之故，益干涉哲孟雄與印度通商之事，光緒十三年，西藏人乘英人不備，派兵哲孟雄境內，勸其王入藏，王從之，英政府聞之，大怒，於光緒十五年，出師破西藏軍，索王歸國，而加以監督，哲孟雄王既徒擁虛位，英國以對于哲孟雄之主權，不可不得中國之承認，而藏哲境界，又不可不確定，乃向我國要求派員會商，光緒十六年，我國派駐藏幫辦大臣副都統升泰，與印度總督蘭斯頓（Lansdowne）會於印度加爾各答，締結藏印條約如左：

一　以東自不丹西至尼泊爾藏哲間之一帶分水嶺，為兩國國境。

二　中國承認哲孟雄之內政外交，專由英國保護監理。

三　藏哲通商，印官員交涉文件，及哲孟雄邊境遊牧三事，俟後日兩國派員協定。

此約協定後數年，英國迭次要求規定通商，交涉，遊牧三事，光緒十九手，我國派參將何長榮與英訂藏印續約九條，規定於光緒二十年三月，開西藏之亞東為通商市場；西藏人大加反對，不准實行，中國政府亦無如之何，英公使迭次交涉，遷延不得要領，二十七年，又有西藏密約之風說，（事見前）英國乃派兵侵入西藏，達賴十三出奔蒙古，副王班禪額爾德尼於光緒三十年七月，與英締結英藏媾和條約于刺薩，將西藏土地，全劃歸英國勢力範圍之內，內容大致如左：

一　西藏允將江孜噶大克亞東開為商埠。

二　賠償英國軍費五十萬鎊，合盧比銀七百五十萬元，英暫時駐兵春丕，俟賠款繳請，商埠實辦三年後，然後撤退。

三　削平自印度至江孜拉薩之礮台山寨。

四　西藏承認下列五事，非得英國許可，不得舉辦。

甲　將土地租賣於外人。

乙　西藏一切事宜，不許外國干涉。

丙　不許外國派遣官員及其代理人入境。

丁　鐵路道路電線礦產或別項權利，均不得許與外國或外國人。

戊　西藏一切進款，不論銀錢貨物，不得抵押給與外國或外國人。

英人要求我國簽印，我國加以拒絕，至光緒三十二年，我國派唐紹儀與英締西藏續約六款，規定英國不占併藏境，及不干涉西藏一切政治，中國亦承認不准他國干涉藏境，及其一切政治，關於償金一事，減少為二百五十萬盧比，由中國政府三年內還清，英既明認中國對於西藏之完全主權，則中國行其固有之主權，他國不可干涉也。乃事有適相反者，宣統三年，武漢起義時，外蒙古受俄人之唆使宣告獨立，西藏受其影響，亦稱獨立，我國川滇軍進征西藏，英國忽提出抗議，干涉中國用兵，而要求中英藏三方，開會議於大吉嶺，我國不得已，派陳貽範為代表，陳無外交才，遂致有越權誤國之事，陳至印度，聽其移會議地點於印度政廳之希摩拉，民國二年十月，開始會議，首由西藏委員提出要求案，要求中國認西藏自主，及以打箭鑪為界，英委員草案，主張創設內藏外藏區域，以紅藍線畫境界於附圖，將川邊特別區域，與青海之全境而劃入之，該草案僅認西藏為屬於中國宗主權之國，而取消中國主權有特殊地位之點，險矣哉：英人之用心也，彼非特欲併吞全藏之土地，猶欲將西藏鄰近之土地，一舉而併吞之，初則使其親善，繼則唆其自主，再則使之全歸於己國之勢力範圍，終乃公然而攫取之，此帝國主義者，滅人家國之故技也。西藏人入其鈎中而不知，陳貽範竟冒昧簽字於草約，可為歎息痛恨者矣！民國三年四月，陳貽範將簽字之草約，呈報，中國政府加以否認，令其勿簽正約，自是英使與外交部交涉，袁世凱經營帝制，允將察木多八宿類烏齊各呼圖克圖及三十九族土司所屬之地，皆劃入外藏，及民國六年，南北戰爭，藏番乘機內犯，察木多附近各處，相繼陷落，英領事台克滿居中調停，約同川邊鎮守使陳遐齡分統劉贊廷與西藏代表，訂一年停戰之約，藏軍駐守類烏齊石渠德格等地，此民國七年十月事也。民國八年，台克滿忽向北京外部提議，欲適照停戰條約，所定漢藏兵分守之地，以劃藏界，西南軍政府，與川滇各省，電詢北政府交涉西藏內容，外部始於民國八年九月五日。發寄歐電，各省始知希摩拉草約之內容，皆通電反對，全國國民，皆責難政府荒謬，要求拒絕西藏交涉，西藏問題，一時中止；論者謂西藏之獨立，根於民元日英俄三國分滿蒙藏之密約而來，自俄國革命後，密約廢棄，西藏問題，亦迎刃而解，而不知死灰亦能復燃，今日之勢，實庖火置積薪之下，豈可高枕安眠，而任其炎炎哉？

### 丁　英佔片馬

片馬者，自緬甸通川藏之咽喉地也。在北緯二十六度，近格林尼坵，東經九十七度三十五分，東為大理府雲龍州，南臨馬面關大塘關，北為野人山之溪谷，自古屬中國，道光時，常派營駐其附近各塞，近時無邊備，英併緬甸後，雲南遂與英國接界，光緒二十三年間，雖訂中英滇緬境界條約而於北緯二十五度三十五分以北之地，仍未劃定，光緒三十一年，迤西道石鴻韶，與騰越英領事曾會勘一次，使命不終而止，英國察知片馬係通雲南四川西藏之要路，地勢又較騰越為平坦，英國自獲騰越鐵道權後，以山脈重疊，築造困難，故決計侵佔片馬，突於宣統二年十二月，派兵二千，馬二千五百，及工兵隊等，占據片馬，即建築堡壘為永久計，駐英公使劉玉麟與英政府迭次交涉，英國則答無侵佔意，而不撤兵，民國十五年，英國又佔江心波，至今皆成懸案。

### 戊　葡佔澳門

萬曆十年，中國承認葡人每年納地租五百兩後，葡人猶無自足之心，屢次要求全免澳門地租，我國不許，至道光二十九年後，葡人固不肯課，光緒十三年三月，兩國派員在葡國首都會訂，豫立節略四條，規定葡人有永居管理澳門之權，惟葡國不得中國之認可，不許將澳門讓於他國，此為我國承認葡占澳門之始，惟因境界尚未劃定，遂使葡人得自由擴張，光緒三十四年正月，日本船辰丸號，密運槍礮彈藥來華，假泊澳門附近之過路環島東方二海里地，為我國查獲，日政府以該處為葡領海為詞，反責我國謝罪賠償，而陰嗾葡國乘機擴張澳門領地，於是澳門之境界問題遂起，宣統二年，我國派雲南交涉使高而謙與葡使會議劃境問題於香港，葡使最初要求為葡地域百二十方哩，最終讓步為六十方哩，我國主張以澳門壁外為葡領地，壁內之數村為葡屬地，最終讓步以潭仔過路環二島，亦承認為葡屬地，兩方爭執，經四閱月不決，後移談判於北京，未幾，葡國革命，該問題遂成懸案。

## 己　俄之經略外蒙

俄國建築西伯利亞鐵道後，經略蒙古之志益堅，欲先引蒙古人親善，唆其獨立，使之與中國脫離關係後，漸入已國之勢力範圍而攫取之，於是極優待貝加爾等處佛教徒，屢以珍物贈庫倫活佛哲布宗丹巴，宣統二年，乘中國革命，唆使宣告獨立，驅官軍於境外，中國當時無暇責問，民國元年十月，俄人與蒙古私訂協約，以全蒙古為俄之保護領，拒絕中國駐兵殖民，公然將此協約向中國及日英法三國發通告，三國寂然若默認，蓋由此年七月，日本使桂太郎赴俄京，與密訂第二次密約，有互助權利，剖分蒙滿之協定；又是年九月，俄外相至英，以西藏權利許英，以交換蒙古故也。我國與俄使交涉，會議二十餘次，至二年七月，訂中俄協定草約，俄認中國在外蒙古之宗主權，中國認外蒙古之自治權，不置官派兵殖民，凡關於外蒙之政治土地交涉事，由中俄協商，外蒙古亦得參與其事，此約經國會否決，十一月四日，袁世凱以國民黨議員，悉與第二次革命有關係之命令，取消議員資格三百六十餘人，使國會不足法定人數，即命孫寶琦於翌日，五號，將中俄協約簽字，民國三年，袁世凱又派畢桂芳陳籙與俄人會議與恰克圖自同年九月起，至四年六月七日，經四十八次會議，締結中俄蒙協約二十一條，約中雖規定認中國宗主權，實不過冊封尊號，用民國年曆及典禮位置之虛儀耳；至於外蒙古則確定其完全之自治制度，且有權與外國締工商業之國際條約，是明認為大半獨立之國，予俄以進取之地步矣！同時又訂關於呼倫貝爾改為特別區域之約，予俄國以特種權利，至民國六年，西曆一九一七年，俄國革命，勞農共和政府成立，反對侵略主義，舊政府之一切條約，宣告無效，民國七年，俄國赤黨努力伸於西伯利亞，外蒙受兵匪之侵迫，始知無自治能力，民國八年十一月七日，上請願書於我國大總統，請准取消關於外蒙自治之中俄蒙一切條約，我國准如所請，任徐樹錚為冊封專使，同時呼倫貝爾副都統貴福，承蒙民全體之意，呈請東三省巡閱使張作霖，轉呈中央，取消特別地域，及關於呼倫貝爾之中俄協約，我國亦准如所請，後以徐樹錚督辦外蒙善後事宜，為蒙民深惡，又民國九年，直皖戰爭，邊防軍一敗塗地，北政府對於西北籌邊使，以內亂罪明令拏辦，邊防軍解散，駐外蒙之軍隊，遂各懷疑懼，俄黨蒙匪乘之，民國十年二月，外蒙為俄國白黨占領，宣告獨立，既而外蒙為赤俄軍隊佔領，且與外蒙訂約，認為獨立國，民國十一二年間，我國屢請撤兵，俄代表主張全體中俄懸案，一併解決，民國十三年，中俄會議，因此故幾至決裂。（以上為中國被壓迫之事實）

日本

日本在明治維新以前，曾受歐西列強一度之壓迫；然日本卒因此而發奮自強，洞悉海外情勢焉。當一六三六年間，德川幕府抱鎖國主義，惟許中國荷蘭之人，得出入於長崎一港，其後奉其法而不變，有仙臺林子平者，著海國兵談，警告國人，幕府以為搖惑人心而毀其版，一七九三年，俄國海將亞丹（Adam Laxman）護送日本漂民，至蝦夷根寶，求互市，幕府慰勞而緩言謝絕之，一八零四年，俄使雷薩諾夫（Resanoff），又至長崎求互市，亦遭謝絕，一八零六年，俄人侵千島庫頁島，翌年，至蝦夷擇捉島。捕日本吏人而去，於是幕府警備蝦夷地，一八零八年，英艦至長崎，有暴行，日守將松平康英引罪自殺，一八四五年，英國測量船至長崎，欲登岸測量，日人不許，英艦少掠資糧而歸，一八五三年，美水師提督培利（Perry），率艦四艘至日本之浦賀，呈其國書，請互市，幕府使其往長崎協議，不聽，乃受其國書方物，告以「容後緩議，翌年，當有回音」，培利始退，一八五四年二月，美使培利至江戶灣候復，幕府定鎌倉或浦賀為應接之地，培利却之，停泊於神奈川灣，三月，幕府與之會議於橫濱，締修好約，十二條，開下田箱館二港，於是日本之門户，為美使培利强迫而開矣。歐西各國聞之，爭往日本，要求訂約，是年冬，幕府許開箱館下田長崎三港於俄，長崎箱館二港於英及荷蘭，一八五六年，美使臣哈利斯（Horris）乘軍艦至下田，翌年，入江户，謁幕府，陳鎖國之非計，並議訂新約，幕府許其駐公使領事，且於下田箱館之外，開神奈川長崎兵庫新潟諸港，一八五八年。日本井伊直弼大老，深知當時情勢，不待勅許，先後與美俄英法荷蘭調印新約，然因此大起日人尊王攘夷之論，直弼大老遇害，西人之在日者，屢遭襲擊，嗣後長州藩毛利氏，又砲擊英法美之軍艦於下關，三國聯合率艦進攻，長藩知不敵，償金三百萬元以和，經此一度壓迫後，日本之鎖國頑夢，因之漸破；然朝幕之糾葛，從茲不絕，未幾而幕府覆亡，明治維新，日人咸知海外情勢而發奮為雄，卧榻之旁，不容人覬覦矣。

### 阿富汗

阿富汗佔伊蘭高原之東北部，介中亞細亞及印度之間，一千八百年後，印度已全歸英人之掌握，英人乃伸其勢力於阿富汗，以鞏固印度之門户，適俄人侵略中亞細亞，亦思進而染指，乃結阿富汗王謨呵默德（Dost Muhammad），使不從英意，英人遂擁立許其（Shah Shuja）為阿富汗王，一八三九年，遣兵下堪達哈爾戈土尼兩城，平定全國，護送許其至阿富汗首都加伯爾（Kabul），且駐兵鎮之，一八四一年，國人叛，起與英人為敵，翌年，英兵棄加伯爾而還；時正嚴冬，雨雪霏霏，寒風刺骨，萬頃同縞，千巖俱白，深山叢林之間，時有土人襲擊，英軍既疲於奔走，無戰鬥能力，而婦孺相隨者，同慘死於積雪之中，二萬餘人，僅軍醫白拉愛登（Bryton）一人生還，可謂予帝國主義，一重大創痕者矣！由是英人遣兵討之，掠阿富汗都城而歸，未幾，英俄復因阿富汗發生交涉，爭論不決，至一八七三年，俄從英國之議，以東部之拔達克興及咸加之山嶺歸阿富汗領內，自庫克楷河至薩來之阿母河為界，且自薩來至波斯國境間之安特克伊及買馬拿，亦歸阿富汗領，而劃定界線，阿富汗問題之解决如是；然俄人所行之事實，完全相反，英俄復於阿富汗呈對抗之勢。初，阿富汗王謨阿默德之死也，其子阿利（Sher Ali）繼之，長兄阿夫柴而（Muhammad Afzal）與之爭位，阿利遂被逐，據堪達哈爾，其子雅庫白（Yakub）據赫剌脫，加伯爾土耳其斯坦等地，皆為阿夫柴而所奪，阿夫柴而死，雅庫白舉兵取加伯爾，復其父王位，一八六六年事也，至是英俄既爭欲以阿富汗為保護國，乃百端籠絡阿利，阿利亦不知獨立自強之道 徒懷依人籬下之心，不入於英，則入於俄，既而親俄以拒英，英阿間之戰爭復起，一八七八年，英遣將軍落培次（Roberts）率師攻阿富汗，阿利出奔於同部而依俄，翌年，其子雅庫白與英人訂和約於恆達馬克（Gandamak），規定英駐使節於加伯爾，且得占領要處之權，未幾，英使加巫乃里（Cavagnari）及其部下，突遭阿富汗人襲擊，皆慘死，英復討之，雅庫白乃退位，英人擁立賴滿（Abdur Rabman）為王，既即位，更媾和，而與英固結，一九零七年，英俄二國締結協約，俄承認阿富汗在英之勢力範圍之内，一九一九年，阿富汗王阿孟烏拉，與英發生衝突，北方各省回教徒應響，起與英人為敵，阿富汗王遂與土耳其波斯諸國同盟，要求英國承認其獨立，一九二一年，英遣使至考拔耳簽約，承認其為獨立國，奈阿富汗國小民貧，强鄰環伺，名雖獨立，終不能脱英人之羈絆也，

## 波斯

波斯佔伊蘭高原之大部，東界傳路支阿富汗，南面波斯阿曼二灣，西接美索不達米亞，北界裏海而接高加索中亞細亞，一七二二年。俄之彼得大帝，已開始侵略波斯，兵船為暴風所覆，無功而還，後俄人猶不絕窺伺，一八零四年，復與波斯交兵，逼波斯履行一八一三年，戈里斯坦（Gulistan）之條約，而加拉培夫（Karabagh），佐治亞（Georgia），大及斯坦（Dagestam），及明格利亞（Mingrelia）等地，悉讓於俄，波斯艦隊，亦不得自由航行於加斯賓海上，至一八二六年，俄人又侵波斯，波斯不支，後二年，兩方議和於托庫滿開（Turkomanchai），波斯割衣利文（Erivan）那句欠文（Nackhitchevan）等地於俄，然波斯當時，非特受俄人之侵略也。因介於英俄二國屬地之間，親英則俄攻之，親俄則英伐之。英俄二國以波斯為衝突之焦點，波斯為英俄二國爭奪之戰場，一八五二年，波斯王為俄人所唆，遣兵占領阿富汗之赫拉脱城（Herat），英强使還之，俄則力主保持之説，延至一八五六年，英波開戰，波斯敗，撤赫拉脱城之

兵；而俄之於波斯，則次第蠶食，一八八一年，俄波二國之領土，以阿脫來克河（Atrek）及其發源之山嶺為分界矣，一九零七年，英俄協約劃定在波斯之勢力範圍，然俄人野心未已，勾結波斯王，嗾使排英，冀擴張俄之勢力，英遂調印度艦隊，巡弋波斯江河，風潮始息，世界大戰時，波斯亦為列強之戰場，一九一六年，英俄二國軍隊，與土耳其兵，馳驅其間，波斯人民，受其戰禍，痛苦萬狀，歐戰後，國家主義興，俄在波斯之勢力，始因政變而取消，英國則於一九一九年八月，向波斯提出要求，內容如下：

一　波斯政府應聘用英顧問。

二　英供給陸軍人材及軍械，並為波斯維持秩序，保護邊境。

三　波須向英借款。

四　許英在波斯內地建築鐵路，及其他交通事項，以擴張商業。

五　英國與波斯組織共同委員會，修正關稅。

此約之意義，欲使波斯為英之保護國也，當時雖經英威脅簽字，然至今未得波斯批准。蓋波斯人民，自一九一九年後，已漸覺悟，及李查沙帕力維（Reza Shah Pahlavi）被擁為王，更力圖自強，聯絡同教國家，以抵抗侵略者，與土耳其阿富汗，先後締結友誼安全條約，波斯在國際上之地位，為之一變矣。

## 土耳其

土耳其為亞洲古國之一，即隋唐時之突厥也。十五世紀滅東羅馬後，疆土跨歐亞非三洲，迨十六世紀之末，國勢漸衰，今則土耳其之領土，僅佔亞洲西部之小亞細亞半島，東之古爾的斯丹（東界亞美尼亞及波斯，東南接叙里亞，南面地中海，北臨黑海，西北隔馬爾馬拉海對西土耳其）及歐洲巴爾幹半島之東南一隅而已。（北接保加利亞西以馬里乍河與希臘為界）其在十一，十二兩世紀之間。據耶路撒冷而引起十字軍之役，為東西之交通及文化上最有關係之事實焉，特揭而述之於下：

## 十字軍

巴勒斯坦之境，死海之北，有耶路撒冷焉，猶太之舊都，基督之墓地也。（見附註）歐西之耶穌教徒，以拜教祖墓為教門第一義，每年結伴行賽者甚衆，赤足步行，粗衣粗食，以表敬意。羅馬之衰，耶路撒冷為沙蘭生人所據，千零九十年間，又為土耳其人所據，搗亂教堂，虐待教師，要行賽者以金，千零九十五年。法之亞眠教士彼得(Peter the Hermit)因行賽受土耳其人之虐待，大憤，還告教皇歐貢第二（Urban II），請報復，教皇以為然，命其遍告教徒，彼得遂巡行歐洲各國，勸救同門之難，征服異教徒，（土耳其人信穆罕默德之回教），各國爭請效力，教皇乃開大會於法之格理蒙（Clermont），以決軍議，適東羅馬帝因土耳其人之迫君士坦丁，遣使請援，教皇遂決意出征，當時各國君長教士，貴族庶民，雲霞來集。教皇激勵羣衆，咸踴躍歡呼，惟命是從，乃定明年八月為出征之期，以紅十字為徽章，然因一時人心狂憤，不待出兵之期，而先鋒已發，千零九十六年春共推彼得為大將，引兵而東，兵凡八萬，彼得付其半於友人瓦爾得（Walter），二人無將兵才，軍律不定，進至亞細亞之庇地尼，疾疫大行，土耳其沙利亞率軍乘虛襲擊，大破之，瓦爾得戰死，彼得率殘兵三千，退君士坦丁，歐洲君長教士等聞敗報，益欲出大軍，以德意志之洛林（Lothingen）公，及高弗黎(Godfrey）為將，率各國騎士六十餘萬，水陸分進，旌旗翩翩，絡繹於途，是為第一次十字軍。千零九十七年，十字軍入亞細亞，圍土耳其首都尼塞亞，擊敗土耳其援軍，閱六月，城中守兵出降，十字軍追擊土軍，既而糧盡，土人出輕騎襲擊，殺三千餘人，十字軍氣沮，土人又多放間諜，十字軍虜而炙食之，於是東方諸國，咸以耶教徒為食人者；千零九十八年，十字軍合力攻安提阿，閱九月，克之。遂屠安提阿城，選精騎守之，會土耳其將哥勃伽以四十萬衆來圍，城中糧盡，剝樹皮，羅鼠雀，甚至發墓噉人屍，猶苦守不屈，土軍圍益急，城將破，一卒創十字槍以敵，諸軍倣之，以向敵，皆披靡，遂敗土軍，千零九十九年六月一日，十字軍達燕毛高處，遙望耶路撒冷。六日，進攻耶路撒冷城，時土耳其以重兵守之，沙蘭生人及猶太人，雜居其間，十字軍屢攻不下；而夏日炎炎，氣候如焚，十字軍多往山間汲水，為城兵探知，出而襲擊，十字軍死者無算，泉水為赤，閱月餘，十字軍發明攻城器具，奮勇進攻，先後七次，雙方死者枕籍，後高弗黎身先士卒，諸軍從之而登，城遂陷，沙蘭生人萬餘人逃一堂，十字軍環攻，屠殺之，進至猶太廟，猶太人避兵者亦滿堂。十字軍圍而焚之，膏血灌火，爆然有聲；繼又分隊掠市，除耶教徒外，咸加殺戮，雖赤子亦無能免，自後共推高弗黎主耶路撒冷焉，及高弗黎卒，其弟代之，始稱王，國土偏小，兵額寡少，土耳其人又進迫，一一四七年，各國起第二次十字軍，無效。既而耶路撒冷王國，為埃及回教徒所滅。（建國凡八十八年而亡）。一一八九年，及一二零二年，起第三，四役，亦無效。一二二八年，德帝腓特烈(Frederick)第二，起第五役，始奪回聖地，然閱十六年，又為埃及所滅。法王路易第九，起第六，第七兩軍，卒無效。時紀元千二百七十年，前後已將二百年矣，兩方因戰爭而死傷者，不下數百萬，為禍之慘，亘古未有；論者謂十字軍雖無直接效果，而間接利益頗多，舉其大者，約有五端焉：一、發明各種軍事用具，此其有益於軍事者。二、通東西洋之商業，輸傳文明農產於歐洲，此其有益於農商文化者。三、封建制度衰頹，財產收歸國有，此其有益於政治者。四、阻土耳其人之侵擾，此其有益於民生者。五、開後日歐人發見新地之基礎，此其有益於地理者。總之，十字軍以後，歐洲社會，為之一變，東西交通，因而漸盛矣。

十三世紀之初，土耳其為蒙古所敗，至十四世紀中葉。土耳其勢復振，滅東羅馬而疆土大擴。十六世紀後，國勢漸衰。至一八二一年，希臘獨立，土帝馬哈木第二(Mahmoud II)命埃及太守阿里破獨立軍；時俄以削弱土耳其出地中海為目的，竭力助希，一八二五年，俄助希伐土，英法恐俄獨布勢力於巴爾幹，與俄共攻土，土軍敗，乞和，一八二九年九月。承認希臘獨立，並割多瑙河口三角洲及黑海東岸地與俄，埃及太守阿里，以援土之功，請兼領叙里亞，土帝不允，一八三一年，埃及叛，侵入叙里亞，連破土軍，俄帝尼哥拉挾其野心，思援土以取利，不待土乞援，即出兵，英法恐俄得勢，勸土割叙里亞與埃及以和，埃及得叙里亞後，竭力經營東方，英東方貿易，受其阻礙，漸有悔心，一八三九年，英托故佔領亞丁（Aden），以扼其要，更勸土與埃及，以關税問題開戰，土軍敗.，是時列國開會議於倫敦，法欲使埃及獨立，而收為屬邦，英欲使埃及仍服於土，以去東洋貿易之障礙，議久不决。翌年，英俄普奧排法出會，而使埃及降土，埃及不允，英奧出兵助土攻之，而法不援，埃及遂降。一八五十年間，耶路撒冷為羅馬希臘兩教徒所據，俄法各袒已教，屢起紛爭，法國拿破崙第三，迫土承認法有保護聖地之權，俄帝尼哥拉第一反抗之，遣兵侵土，要求希臘教之保護權，土人不允，兩國遂宣戰，法帝與英協議，共援土耳其，一八五四年三月，對俄宣戰，普奧亦出兵於邊境防俄，俄勢益孤。既而俄軍為英法聯軍所敗。一八五六年三月，開和會於巴黎，土耳其方能免受俄人之壓迫，一八七五年，土之玻斯尼亞（Bosnia）及黑塞哥維那（Herzegovina）叛，塞爾維亞（Servia）及蒙特尼格羅（Montenegrc）暗助之，土軍屢敗，俄奧德三國，依奧相安德拉西（Andrassy）之議，勸土准人民信教自由，廢包税制，以玻黑兩州直接税，供二州使用，土帝阿卜都哈米（Abdul Hamid）諾而不行，二州獨立如故.；時保加利亞（Bulgaria）亦有亂事，土帝遣軍平之，殺數萬人，希臘教諸州大憤。塞蒙二州，亦叛土獨立。並乞援列强，干涉又起。英俄德法與意六國駐土公使，請土停戰，由六國派員監督，實行改革內政，土帝以立憲為名，婉謝各國，俄遂藉口宣戰，一八七七年。進兵攻土，屢敗土軍，希臘亦乘機攻土，土帝懼，乞和，與俄結聖士提反（St. Stefano）條約，使巴爾幹全入於俄國勢力範圍之內，英與大不平，後由德之俾士麥（Otto Von Bismark）出而調停，重定條件，其重要者如左：

一　保加利亞分南北二部，北部為自治公國，納定稅貢於土，南部別置東羅馬里亞（East Roumelia）州，仍屬土耳其。

二　確認塞爾維亞及蒙特尼格羅兩州之獨立。

三　英得居伯羅（Cyprus）島，但仍納歲貢於土，認為土領。

四　羅馬尼亞以貝薩拉比亞（Bessarabia）與俄，而得多布魯雜（Dobrudja）。

五　土耳其以玻黑二州統治權委諸與國。

六　土以伊庇魯斯（Epirus）及德沙里（Tessaly）南部，割於希臘。

七　以多瑙河下游為中立地，許各國商船航行。

八　土耳其改良內政，定信教自由律。

此條約中，德未得絲毫權利，且為土爭囘甚多。實後日土德交歡之遠因，然土國已損失甚巨，自此以後，土之錦繡河山，日蹙百里，與昔日强盛之時，兵戈所向，無不克捷者，已如隔世之夢矣！一八八一年，土耳其西境之愛爾巴尼亞(Albania)叛，東方亞美尼亞繼之，一八九七年，南方克里特(Crete)島，亦叛土而附希臘，希臘援之。為土所敗。翌年，倫敦會議，以克里特仍屬土，惟許其自治，一八八五年，東羅馬里亞叛土，而合於保加利亞。土之志士，見國勢如此，乃組織青年土耳其黨，無不願以一點熱血，下革命之種子，開自由之花，維新祖國，脫去列强之壓迫焉。一九零八年。土國革命，宣布立憲，自後土之青年土耳其黨，遂柄政權：然缺乏經驗，措置失宜，國勢衰弱如故，一九一一年，與意大利戰，失非洲之的黎波里(Tripoli)，意土戰事初了，而巴爾幹之保羅蒙塞及希臘五國，各欲擴大版圖，復聯合攻土，至一九一三年，和議成，許愛爾巴尼亞為獨立國，巴爾幹五國，各張境界，克里特亦併於希臘。一九一四年，世界大戰爆發，土耳其加入聯盟，對協約國宣戰，一九一七年，土軍連戰皆敗，翌年十月，土耳其無條件降服，大戰結束，土耳其四分五裂，叙里亞歸法代管，美索不達米亞及巴勒斯坦歸英代管，北部亞美尼亞建立共和國，南部漢志建立王國，歐亞領土，大半為列强瓜分。一九二零年之綏佛爾條約，土耳其不但逐出歐洲，放棄阿剌伯小亞細亞，僅存安那多里亞一隅而已。幸凱末爾於一九一九年，組成國民軍，連結蘇俄阿富汗，起義於東安納多尼亞，建新都於安哥拉，否認綏佛爾之約：會法義不慊於英，乃連法義進攻希軍，英以種種牽制，不能明為希助，土軍遂勝。於一九二三年，結洛桑條約，土耳其乃得免於覆亡之患。

附註　耶穌基督(Jesus Christ)於紀元前四年，生於猶太之伯利恆(Bethlehem)，初亦信猶太教，及長，見世風卑污，思救衆生，年三十而創新教，以博愛爲旨，後舊教人忌之，誤以其覬覦王位，釘死於十字架，然以其主義正大，弟子熱心，教旨大行，至君士坦丁大帝時，訂爲國教。

尼泊爾

尼泊爾一名廓爾喀，爲亞洲小王國，僻處於喜馬拉雅山麓，其地北接西藏，東鄰錫金，西南連印度，面積爲五萬四千方哩，我國乾隆年間，尼泊爾侵西藏，清廷命康福安征之，陷其都城，力竭而降，約五年一貢。至民元猶來入貢，後以西藏內亂，交通阻礙，始中絕，英人屢思侵略其地，因其民勇悍善戰，地又險阻，終不能得志。一七九二年與一八一五年，英人與之訂約，駐使臣於其京城，干涉其外交，而不預聞其內政，至一九二三年，更結新約，始承認其內政外交之完全獨立。

阿剌伯

阿剌伯位於亞洲西部，爲亞洲三大半島之一，北接伊拉克敘里亞，東瀕波斯灣，南臨阿剌伯海，西濱紅海，廣約一百萬方哩。十九世紀之初，阿剌伯在土耳其統治之下，政治紊亂，內部分裂，沿海岸多海盜出沒，英乃借滅海盜為名，開始侵略。一八零五年，至一八二一年，英軍屢與海盜戰於波斯灣。一八三一年與一八五三年英與阿剌伯酋長訂約，表面為維持波斯灣之治安，實際已造成侵略之漸；自後又與阿剌伯六族酋長結脫魯錫爾同盟（Trucial Leagne）與英在布什爾（Bushire）之駐官共同處理該地之人民，及各種交涉事宜，英人之勢力，遂伸於阿剌伯境內，一八八五年以後，阿剌伯南部各酋長，均默認為英之保護國，庫里亞摩里亞諸島，與波斯灣之巴林羣島，英國亦得有保護權，一九零九年，英土兩國締結條約，土耳其將自也門至亞丁，及東北至波斯海灣內之喀他半島（Katar Peninsula）以南地帶，劃為英國之勢力範圍；亞丁以東，馬喀拉蘇丹國（Makalla Snltanate），亦為英之保護地，世界大戰時，阿剌伯人民乘機起獨立運動，英人欲分化土耳其，故亦以許其獨立，協攻土耳其為號召，當時漢志王國，以參加協約國之功，而得獨立焉；至於阿剌伯東南隅之阿曼，亦為獨立國，惟國境四周，悉係英人之勢力範圍，經濟上又賴英人之資助，僅有獨立之虛名耳。

### 暹羅

暹羅在亞洲之南北，與安南緬甸為鄰，向為中華屬國，歲時進貢，自法佔安南後，暹羅環境，為英法包圍，不復入貢中國矣。攷其受歐人壓迫之始，則為一八五五年，與英國所訂之修好通商條約，當時暹羅政府，不諳外交情形，彼英人包圍，約中規定英人在暹羅得享受一切貿易上之利益，而不受暹羅法庭裁判；又暹羅之徵進口税，不得超過百份之三，其中亦未規定年限及取消或修正之辦法，種種權利之損失，暹政府當時既夢然不知，而歐西各國步英之後塵者，亦無法拒絕矣；於是自一八五六年至一八七零年間，先後與法美德荷比意諸國，訂類似此種之條約，一八六七年，暹與法在巴黎定約，又棄其東甫寨（暹之附庸國）為法之保護國。一八八九年，（光緒十五年），暹羅拙御克利第五世皇帝在位，暹之北部，暴徒蠡起，遂與法國釀成交涉，先是法國屢要求割讓湄公河以東之地，暹政府不允，而法之遠征隊及殖民政治家，藉口非得湄公河流域，難以統治安南東甫寨，於一八八八年，公然提出湄公河東岸割讓之要求，暹政府請以北緯十三度與十九度之間，設中立地點，為兩國界限，法國見不允所請，欲待時機，藉口佔領，暹羅為保全領土計，乃於此時調兵平亂，防禦邊疆，法國遂謂暹兵侵入安南領土，離老過首府祇三十里，已無和平之望，一八九三年（光緒十九年）三月，下哀的美敦書，（即戰書）四月初旬，法軍即沿湄公河佔領孔格及沙丹格托倫格，六月，復佔加核蒙隆格拍拉朋及老過地方，暹軍退至湄公河西岸，斯時暹人雖提議交各國仲裁，然不得法國容納，六月初旬，有一法國官吏，為暹民所殺，法國指為暹羅之隊長普托所為，暹羅請其證實，願賠償損失，法人置若罔聞，率艦沿暹羅灣之東岸，佔領諸島，暹人大恐，與法公使多次交涉，不決，會法砲艦欲强行入盤谷河，兩方衝突，法軍死二名，傷三名，暹軍死八名，傷四十一名，法國遂於七月二十日，發最後通牒，索賠償三百萬佛郎，承認湄公河東岸及東甫寨之權利歸法，並嚴懲加害法人者，暹政府謂該案已提交仲裁裁判，法公使乃令法砲艦退出盤谷河外，翌日，忽宣布封鎖盤谷港，二十九日，實行封鎖，暹政府不得已，對此最後通牒為無條件之承認，於是法遂佔領湄公河南岸之槍他朋，且約以後湄公河西岸二十五基羅邁當以內，及巴東朋格削模拉拍地方，不得設施武備，條約既成，英國領土在暹羅西北部鄰近者，大受影響，乃於一八九六年，與法協商，一九零四年，與法立約於倫敦，確定英法兩國政治上之地位，而保證暹羅獨立，一九零九年，英國撤回在暹之治外法權，而得馬來半島開蘭州之金礦，暹羅實得不償失也，自此以後，暹羅鑒於帝國主義者之無理鯨吞，力圖自强，不作苟安矣。

# 第四章　西學之輸入

## 一　西學之原始及最近之發達

此節似於輸入二字之關係甚少，然細思之，則有密切之關係，蓋一物之發明，無形中已開始將此知識，輸送各國，况既知輸入之理由，不可不知其原始，若於敘輸入之情形中，逐事引述，反不如另列一節，故特為揭出。

1.科學

甲　天文學　前人僅知太陽系中，有金、木、水、火、土、地球六大行星，以天王等星為彗星，及德人候失勒（Herschel）發明天王星（Uranus），法人呂文海（Leverrier）發明海王星後，始知有八大行星，而天體之範圍，愈加廣闊矣。然推天文學所以發達之原因，則由於德人哥白尼（Nicolaus Copernicus）創太陽系地動說及德人愷布雷倡天體三則說，哥白尼之天體運行之道路（De Revolutionibus Orbiun Celestium）一書，實其畢生心血之結晶也。他若噶利利（Goliles）之發明望遠鏡，德人基爾和夫（Gustav Robert Kirchhoff）與明森（Bunsen）之發明分光鏡，荷人惠更斯（Huygens）之改良望遠鏡，皆於天文學大有幫助者也。（最近又有冥王星之發現）。

乙　理化學　近代理化學科上之發明甚多，荷人惠更斯發明時鐘，英人牛頓（Newton）發明萬有引力，與運動三律，美人佛蘭克林（Benjamin Fronklin）發明避雷針，英人瓦特（James Watt）發明蒸汽機，蒸汽機發明後，美人富爾登（Fulton）於一八〇七年應用於船舶，英人斯帝芬生（Stephenson）於一八二五年應用蒸汽機為汽車，於是各國倣行，漸次改良，水陸交通，大得便利。他若一七八五年，英人克特萊（Cartright）之發明織布機，一七九二年，美人危奈（Whitney）之發明紡紗機，一七六〇年，英人斯米脫（Smeator）之發明冶鐵機，一八一五年，英人特佛（Davy）之發明安全燈，皆於工業方面，大有幫助者也。至於德人摩爾（Mayer）之物質不滅說（Theory of Conservation of Matter），英人喬爾（Jule）之精神不滅說於科學上之貢獻實多。德人魯根（Röentagen）發明X光線，應用於醫學，收効極大。法人居里

(Pierré Curié) 與其夫人梅禮 (Marie) 發明鐳，又致力於放射光體之研究，促科學之進步。美人模爾斯 (F.B. Morse) 於一八三七年，發明電報，放科學之異光。其後英人畢爾 (Alexander Bell) 發明電話機，意人孟可尼(Marconi) 發明無線電，美人愛迪生(Thomas Edison) 發明留聲機，電燈，電影，來特兄弟之發明飛機，皆於近代之文明，甚有應響者也。

丙　生物學　法人拉馬克 (Lamarch) 之動物哲學 (Philosophie Zoölogique) 一書，乃進化論發生之導火線也。進化論(The Theory of Evolution) 為生物學在近世紀最大之發明，繼續研究者，則為達爾文 (C. Darwin) 與赫胥黎 (Huxley)，達氏所著之物種原始(Origin of Species)一書，最為有名，赫胥黎氏所著之比較解剖學 (Lectures on the Elements of Comparative Anatomy)，亦風靡全球。他若斯賓塞 (Spencer) 以哲學之旨，廣衍生物進化論，說明宇宙萬有之現象，擴大進化論之範圍，德人赫格爾(Haeckel) 著普通形體學 (General Morpholhgy)，應用進化論於實驗，又著人類之起源及系統一書，說明動物互相之關係，皆以新思想另闢途徑者也。至於反對進化論者，則有俄國克魯泡特金 (Kuropotkin) 之互助論 (Mutualaid: A Factor cf Evolution or Theory of Mutual Aid) 焉。

丁　醫學　醫學發明家，英國有哈維 (Harvey) 倡血液循環論(Circulation of Blood) 勤那 (Jenner) 發明種痘法，里斯他 (Lister) 發明消毒法。德國有羅貝古斯 (Robert Kach) 發明肺病治療法，巴登古發

(Petten Kofr) 發明傳染病預防法；法國有巴斯度耳 (Pasteur) 發明人工殺菌法，又發明狂犬病罹害者之救助法；此外意大利馬爾丕基 (Malpighi) 之努力解剖學，德國黎別希氏之發明痲醉劑 (Chlorform)，皆各國採用，一致頌拜者也。

戊　地理學　地理學中別開生面者，為英人來依耳 (Lyell) 之地球進化論，氏生於千七百九十七年。謂「地球表面種種，如古生物然，亦由進化而來也」，至於德人漢勃特 (Alexander Von Humbet) 之宇宙論，說明多偏重自然方面，為自然地理學之泰斗，德人里克斯芬 (Friherr Von Richthofen) 著中國一書，為中國地理學家；法人海克來 (Elisse Heclus) 為地文學家，拉塞(Ratzel) 為人文地學家，皆於近世期間，同負重望焉；他若意人哥倫布 (Columbus) 之發見新大陸，葡人達格馬(Vasco Da Gama) 之發見新航路，麥哲倫(Magellan)之環行地球，則皆於中古期間，證明地圓之說者也。

2. 哲學

西洋哲學，首推希臘，泰理士 (Thales) 以水為萬物之大源。希拉克利泰(Heraclitus) 主張火為宇宙之本質，畢達哥拉 (Pithagoras) 以一為萬物之本，齊諾芬尼斯 (Zenophanes) 以為萬物同質，此本質永久不變，皆哲學中一元說之錚錚者也；他若反對一元論者，為多元論，以恩沛多克利 (Empedocles) 德謨克利圖 (Demokretos) 及安納薩哥 (Anaxagoras) 為最著；哲學之屬於人事論者，則有高吉士 (Gorgias)

希比亞司(Hippias)等之哲人派，哲學之屬於系統者，則為蘇格拉底(Socrates)柏拉圖(Plato)及亞里士多德(Aristotle)之三大哲學家。至於近世哲學之鼻祖，則推康德(Kant)康德者，德人也。其學說執衷英人培根(Bacan)之經驗派，與法人笛卡爾(Descartes)之推理派而成也。其後英之斯賓塞(Admund Spencer)著第一原論，德之赫格爾(Hegel)著論理學及哲學百科辭典，羅素(Bertrand Russell)發明數理邏輯，皆哲學家中最有名之人物也，其著作皆哲學上最大之產物也，此外美之杜威(John Deway)德之杜里舒(Dreishe)又皆為最近之哲學家，其學說影響於中國學術界尤大焉。

3.文學

人民之思想，其隨文學而變遷乎？近代人民思想之革新，實受新文學之激蕩而致然也。英之莎士比亞(Shakespeare)德之哥德(Goethe)及希爾萊(Schiller)皆以詩曲名家，極一時之盛。法孟德斯鳩(Montesquieu)之倡立憲政治說，盧梭(Rousseau)之著民約論，福祿特爾(Voltaire)之詩曲，皆傳播民權自由之思想，而於社會大有影響者也。其後英之罷倫(Byron)以哀怨之思，作去國之行，俄之托爾斯泰(Tolstoy)，本人道主義，作戰爭與和平，挪威之易勃生(Ibsen)，本象徵主義，著國民與公敵，皆可謂於文壇上，別門新生面者矣。

4.政法經濟之學

開近世政法經濟等學之源者，即孟德斯鳩之政治法律亞當斯密（Adam Smith）之經濟學說是也，孟氏之法意（Spirit of Law）一書，影響及於全球，其後法學分自然與歷史兩派：德人薩維尼（Sovigny）為歷史派中之最著者，經濟學自亞當斯密後，承其說者，亦分為二：一為馬爾薩斯（Malthus）與呂加圖（Ricardo）之自由貿易派，一為德人利斯（List）之保護貿易派；他若英國之彌爾（John Stuart Mill）則為近代新經濟學之祖焉。

## 二　西學東輸之起源

西洋文明，首推希臘，上古時代，交通困難，西人來亞洲東部者甚少，惟西亞諸國，已直接受西洋文明之傳播，紀元前四百年間，希臘之商賈，藝術家。及兵士。散佈於叙里亞及波斯等地者甚衆，紀元前三百三十年，因馬其頓亞歷山大王之東征，希臘文明，始長驅入西亞諸國，希臘民族之足跡，遠及於中央亞細亞與印度西北部，紀元前四十四年，叙里亞之一部，已為羅馬領土。紀元十四年間，亞洲黑海沿岸之地，及阿剌伯西北一帶地方，亦入羅馬之版圖。羅馬繼希臘而興，襲希臘之文明，建一大帝國，並繼之而傳播其學術文明，於西亞諸國，因安息之阻隔，未能直接輸於亞東耳。然亦因安息人為媒介，亞洲東部之人，得知西洋文明之一斑，其最顯著者，即由兩方人民之貿易，而得西洋各種物件，由各種物件，可推想其大略也。至紀元五百十年，東羅馬寓言，傳人中國。紀元六百三十五年，歐洲聶士托良派(Nestorian)信徒阿羅本(Alopen)，至中國傳教。七八一年，立碑於西安府，即流行中國之大秦景教碑也。(後因教勢衰弱，此碑埋沒於土中，至一六二五年，始經發見。)紀元千零九十六年。十字軍東征，西亞諸國之交通，已達極盛時期，亞洲東部，與歐洲之交通，亦由萌芽時期，轉而為漸盛時期，西洋學術之輸入，固以交通之盛衰為關鍵也；同時蒙古强盛，於紀元千二百年後，大舉西征，將亞歐陸路之交通，打成一貫，欽察汗國與俄羅斯皆列為藩屬，時相通使，歐洲人有東來請願者，(一千二百四十五年，高僧勃拉奴克劈尼由法國里昂城奉教皇命，至蒙古，呈教皇書，請蒙古人在歐洲境内，止事殺戮，一千二百五十三年，法國高僧盧白魯克(William of Rubruck)又奉法皇之命，至蒙古請願。)有入仕元廷者，(馬哥孛羅(Marco palo)嘗充揚州長官三年，樞密使數年，愛薛仕元廷，為秘書監。)當時通商之盛，(一千三百二十年間，佛羅倫斯市人法蘭賽斯巴爾杜西(名)裴哥羅梯(姓)(Trancesco Balducci Pegolotti)著有通商指南一書極言東西通商之盛。)傳教者之衆，(一千三百三十年，中國北京城内，已有教堂四所，教徒六七千人，印度俱藍國亦已由葡人覺達奴斯(Friar Jordanus)為總主教，(均係聶士托良派)。)亦皆有史册可孜，惟西洋之學術，猶未能如今日之長驅直入，使亞洲人民，可作有系統之研究也。降及明初，中國與歐洲之交通，復形斷絕，因明太祖守閉關主義，交通之障礙復起；惟歐洲之商賈，教徒，及遊歷家，往來於中亞細亞及印度等處者如故。至紀元千四百九十八年，佛斯古達格馬(Uasco da Gama)發見新航路後，東西交通，因而大盛，西洋科學之發達，亦電掣星馳，一日千里，火藥指南針等，自中國傳至西洋者，經西洋一加改良，我國人反欲求之於彼，誠所謂青出於藍而深於藍，冰出於水而寒於水者矣。於是東方各國，咸感科學之落後，遊學歐西各國者，日甚一日，西洋之學術，又因其報紙書籍，直接輸入於亞洲，不專恃商賈，教徒，及遊歷家之口授筆述矣。

## 三　西學輸入中國之原因

西學輸入之原因有二：一為西人因傳教而東來，將歐西之文化，直接輸入。一為翻譯與遊學，吸收西方之文化，而傳之東方，前者其動機，後者其波瀾也。攷西人(以前耶穌教之傳入中國者非正宗)最初來中國傳耶教者，為意大利人利瑪竇(Matteo Ricci)於一五八〇年至廣東，學習華文華語，而用儒衣儒冠，由廣東而至南京北京等處，在北京建立教堂，進獻天主像及方物於神宗，歐西之地誌時鐘，皆以此時傳入。利氏熟悉中國民情風俗，精製器觀象之能，譯乾坤體義幾何原本及測量法義諸書。以歐西之新科學，輸入中國，在京不四五年，而李之藻楊庭筠徐光啟等名士，皆歸依之，信徒有二百餘矣。利氏於當時雖未大用，而歷算之學始興，崇禎中，徐光啟李天經採用西洋新法，先後成歷書一百三十餘卷，俱係光啟等督率西人所造，屢測交食淩犯，俱密合，惜一時未及頒行。至清順治二年，始頒行，謂之時憲曆。其後湯若望(Adam Schaal) 南懷仁(Verbiest) 等，均掌欽天監事，湯若望者，日耳曼人，於一六二二年至中國，著有新法曆引遠鏡說及火攻揭要等書。南懷仁者，比利時人，於一六五九年來中國，著有坤輿全圖測驗記略及御覽簡平新儀式用法等書，康熙八年，南懷仁改造觀象臺儀器後，而中國曆算天文之學益精矣。總之，利瑪竇來中國後，西教士之東來者日多，所著之書，風行於世者，亦不下數百種，分而述之，除曆算天文之學識外，而地理學，力藝學，及製造銃礮之法，皆由明末清初之耶蘇會士傳入焉，

地理學　利瑪竇在中國所著之書，約二十種(見附表)其萬國輿圖言世界有五大洲；曰亞細亞洲歐羅巴洲利未亞洲亞墨利加洲墨瓦臘泥加洲，其乾坤體義言地與海合為一球，居天球之中，其度與天相應，此二書實開中國地理學之端，至一六一三年，意大利人艾儒略(Ginlio) 來中國後，著職方外紀繪圖立說，而吾國始有五洲萬國地誌矣。

力藝學　西曆一六二一年，日耳曼人鄧玉函(Jean Terenz) 至中國，著遠西奇器圖說；其術能以小力運大，故名曰重，又謂之力藝，大旨為天地生物，有數有度有重，重卽力藝之學，故其論重之本體，以明立法之所以然者，凡六十一條，論各式器具之法者，凡九十二條，次起重引重等圖，皆有說明，而於農器水法，尤為詳備，此為西人力藝學入中國之始。

製造銃礮法　火藥本中國發明，早知利用火器於戰爭，惟製造不精，故不能收其效驗，明嘉靖間，因葡荷二國人東來，已有佛郎機紅夷等礮名，一五九八年，葡萄牙人羅如望等東來，於天啟中製造銃礮，始堅精利用矣。

由是觀之，歐西學術，最初之輸入，全係西人之東渡傳教者，至於譯書與遊學，乃吸收西洋文化，繼續而輸之東方之時期也。譯書之事，盛於明季，清初譯者漸少，至道光中，編譯之書，有海國圖志及瀛環志略等，瀛環志略者，徐繼畬所輯也，咸豐中，譯事復興，譯述最有名者，推海寧李善蘭譯幾何原本九卷，重學二十卷，附曲綫說三卷，代微積拾級十八卷，談天十八卷，皆在上海與英人偉烈亞力艾約瑟及韋廉臣等所譯也。同治初，總理衙門設同文館，聘諸國博學之士，教各國言語文字，同治建元，設廣方言館於上海，教西語西學，其後移併於江南製造局，為繙譯館，口譯之西士，有傅蘭雅林樂知金楷理諸人，奉受者，有華若汀徐雪村諸人，經二十餘年，合同文館及西教會譯錄之書計之，已有三百餘種矣。譯出諸書，分為三類：曰學、政、教、除教類之書不錄外，屬於西學諸書者，有算學、重學、電學、化學、聲學、光學、汽學、天學、地學、全體學、動植物學、醫學、圖學等，屬於西政諸書者，有史志、官制、學制、法律、農政、礦政、工政、商政、兵政、船政等。此外另有雜類之書，即遊記、報章、格致、及西人議論之書是也，嗣後譯書之最有名者，推侯官嚴復斯密亞丹之原富，穆勒約翰之名學，斯賓基爾之羣學肄言孟德斯鳩之法意，甄克思之社會通詮等書譯本，皆出其手。次推林紓譯有拿破崙本紀，布匿第二次戰紀，及多種小說書。至於遊學一事，始於同治之末，盛於光緒年間，同治七年，志剛孫家穀等使美，訂中美續約，始立遊學專款，同治十年，李鴻章曾國藩等，有遣童出洋肄業之議，初次出洋者，多在美國哈佛各校肄業，心得甚多有名於紐約者，惟陳蘭彬，次則容閎。其後沈葆楨督辦福州船政局，又請派生徒出洋遊學，至光緒七年，因吳惠善有裁撤留學生之奏請，將留學生一律撤回，而其奏請裁撤之原因，為已為監督，學生謁見時，不肯行拜跪禮故也。甲午以後遊學之風復盛，光緒三十二年，攷出洋學生，三十四年，美國國會議決，退還庚子賠款，清廷議以其款，按年派學生百人往美留學，於是遊美者尤衆，據昔日之紐約星期報，一九〇九年，綜計分佈於由大西洋至太平洋間，美國各校之中國學生，有一千一百七十人，其中賠款供給者三百七十人，由各省官費供給者約二百人，私費生近六百人，學成歸國，歐西文化之輸入，可概見矣，今則遊學各國者，較前尤衆，然學術文明，彼此相較，又瞠乎其後，難免有務名遺實之誚矣！

附明末清初在中國之耶穌會士及著書一覽表（錄稻葉山君清朝全史）

利瑪竇（MatteoRicci）意大利人，西紀一五八三年（萬曆十一年）來華，一六一〇年五月二日，歿於於北京，所著之書如左：

天主實義　幾何原本　交友論　同文算指通篇　西國記法　勾股義　二十五言　圜容較義　畸人十

篇 徐光啟行略 辨學遺牘 乾坤體義 經天說 奏疏 齋旨 測量法義 西字奇蹟 渾蓋通憲圖說

萬國輿圖 西琴曲意

艾儒略（GiulioAleni）意大利人，西曆一六一三年（萬曆四十一年）來華，一六四九年八月三日，歿於福州，所著之書如左：

彌撒祭義 天主降生言行紀略 出像經解 耶穌言行紀略 性靈篇 景教碑頌 聖體禱文 坤輿圖說 十五端圖像 熙朝崇正集 楊淇園行略 張彌克遺蹟 萬物真源 滌罪正規 三山論學紀 聖體要理 聖夢歌 聖教四字教文 悔罪要旨 幾何要法 口鐸日鈔 五十言餘西方問答 西學凡 職方外紀 性學觕述 天主降生引義 大西利西泰子傳 大西利西泰先生行跡 艾先生行述 思及先生行跡 泰西思及艾先生行述 西海艾先生行略 泰西思及先生語錄

潘國光（Franceseo Brancati）意大利人，西曆一六三七年（崇禎十年）來華，一六七一年四月二十五日，歿於上海，所著之書如左：

十誡勸諭 聖體規儀 聖教四規 聖安德助宗徒瞻禮 天階 瞻禮口鐸 天神規課 天神會課

利類思（Luigi Buglio）意大利人，西曆一六三七年（崇禎十年）來華，一六八四年十月七日歿於北京，所著之書如左：

天主正教約徵　主教要旨　超性學要　獅子說　司鐸要典　性靈說　不得已辨　御覽西方要紀（與南仁安文思合撰）聖母小日課　已亡者日課經　聖教簡要　善終瘞塋禮典　彌撒經典　日課概要　聖事禮典　安先生行述　天主聖體　三位一體　萬物原始　天神形物之造　靈魂　首人受造　昭祀經典　進呈鷹論　聖事體典

柏應理(Philippe Couplet)比利時人，西曆一六五九年(順治十六年)來華，一六九三年五月十六日歿於卧亞，所著之書如左：

天主聖教永瞻禮單　天主聖教　百問答　四末真論　聖玻而日亞行實　聖若瑟禱文　周歲聖人行略

陽瑪諾(Emmanuel Jeune Diaz)葡萄牙人，西曆一六一〇年，(萬曆三十八年)來華，一六五九年三月四日，歿於杭州，所著之書如左：

聖若瑟行實　天問略　十誡真詮　聖經直解　天學舉要　唐景教碑頌正詮　代疑論　袖珍日課　經世全書　經世全書註解　避罪指南　天神禱文

陵安德(Giovani-Andrea Lobelli)日耳曼人，西曆一六五九年(順治十六年)來華，一六八三年，歿於澳門，所著之書如左：

聖教略說　真福直指　善生福終正路　聖教問答　聖教撮言　聖教要理　默想大全　默想規矩　萬

民四末圖

龍華民(Nicolao Longobardi)意大利人，西曆一五九七年(萬曆二十五年)來華，一六五四年九月一日歿於北京，所著之書如左：

念珠規程　死說　靈魂道體　聖教日課　聖若撒法始末　地震解　急救事宜　聖人禱文

馮秉正(Joseph Marie Anne de Moyria de Mailla)法蘭西人。西曆一七〇三年(康熙四十二年)來華，一七四八年歿於北京，所著之書如左：

明來集說　聖心規程　聖體仁愛經規條　聖經廣益　盛世芻蕘　聖年廣益　避靜彙鈔

龐迪我(Diego de Ortiz)西班牙人，西曆一五九九年(萬曆二十七年)來華，一六一八年一月一日，歿於澳門，所著之書如左：

耶穌苦難禱文　未來辨論　天主實義續編　龐子遺詮　七克大全　天神魔魂說　人類原始　受難始末　辨揭奏疏

賓紐拉(Pedoro Pinuela)墨西哥人，西曆一六七六年(康熙十五年)來華，一七〇四年七月三十日歿於漳州，所著之書如左：

初會問答　永暫定衡　大赦解略　默想神功　哀矜煉靈略說

羅雅谷(Giacomo Rho)意大利人，西曆一六二四年(天啟四年)來華，一七三八年九月十七日，歿於澳門，所著之書如左：

聖若瑟傳　楊淇園行蹟　天主經解　天主聖教啟蒙　爾克　哀矜行詮　求說　聖記百言　聖母經解　周歲警言　測量全義　比例規解　五緯表　五緯曆緯　月離曆指　月離表　月躔曆指　日躔表　赤黃正球籌算　曆引　日躔攷　晝夜刻分

畢方濟(Francesco Sambiaso)意大利人，西曆一六一四年(萬曆四十二年)來華，一六四九年，歿於廣東，所著之書如左：

畫答　睡畫二答　靈言蠡勺　奏摺　皇帝御製詩

湯若望(Johnnes Adam Schall Von Bell)日耳曼人，西曆一六二二年(天啟二年)來華，一六六六年歿於北京，所著之書如左：

真福訓詮　古今交日攷　西洋測日曆　星圖　交食曆指交食表　恆星曆測　恆星表　共譯各圖八線表　恆星出沒　學曆小辨　測食略　測天略說　大測　奏疏　新曆曉惑　新法曆引　曆法　西傳　新法表異　勅諭禱文　遠鏡說　火攻揭要

南懷仁(Ferdinand Verbiest)比利時人，西曆一六五九年(順治十六年)來華，一六八八年一月二十九日，歿於北京，所著之書如左．

妄推吉凶辨　熙朝定案　驗氣圖說　坤輿圖說　告解原義　善惡報略說　教要序論　不得已辨　靈臺儀象志　儀象圖　康熙永年表　測念記略　坤輿全圖　簡平規總星圖　赤道南北星圖　妄占辨　預推紀驗　形性理推　光向異驗理推　理辨之引咨　目司總圖　理推各圖說　御覽簡平新儀式用法　坤輿外紀　七奇圖說　進呈窮理學　盛京推算表　神武圖說

孟三德（Eduard da Sande）葡萄牙人，西曆一五八五年（萬曆十三年）來華，一六〇〇年六月二十二日，歿於澳門，所著之書如左：

崇禎曆書（預修）　長曆補註解惑　主制羣徵　主教緣起　進呈圖像　渾天儀說

鄧玉函（Jean Terenz）日耳曼人，西曆一六二一年（天啟二年）來華，一六三〇年，歿於北京，所著之書如左：

遠西奇器圖說　測天約說　黃赤距度表　正球升度表　大測

金尼閣（Nicolas Trigault）法蘭西人，西曆一六一六年（萬曆四十四年）來華，一六二八年二月十四日，歿於杭州，所著之書如左：

宗徒禱文　西儒耳目資　況義（伊索寓言選集）　意拾餘言（同上）　推曆年瞻禮法

王豐肅(Alfonso Vagnoni)意大利人，西曆一六〇五年(萬曆三十五年)來華，一六四〇年四月十九日，歿於漳州，所著之書如左：

則聖十篇　爾家西學　天主聖教　聖人行實　達道紀言　四末篇　修身西學　譬學　勵學古言　教要解略　寰宇始末　聖母行實　神鬼真紀　十慰　童幼教育　空際格致　西學治平　斐錄彙答　推驗正道論

白亞維(Alvare Benevente)西班牙人，西曆一六八〇年(康熙九年)來華，著有要經略解一書。

白晉(Jaochin Bouvet)法蘭西人，西曆一六八七年(康熙二十六年)來華，一七三〇年歿於北京，所著之書，有天學本義及古今敬天鑒。

葉宗賢(Basillio Brollo)意大利人，西曆一六八四年(康熙二十三年)來華，一七〇四年七月十六日歿於西安，所著之書，有宗元直指。

郭居靜(Lazzane Cattaneo)瑞士人，西曆一五九七年(萬曆二十五年)來華，一六四〇年歿於杭州，所著之書有性靈詣主。

沙守真(Emeric de Chavagnac)西曆一七〇〇年(康熙四十一年)來華，一七一七年九月十四日歿於饒州，所著之書有真道自證。

郭納爵(Ignacio da Costa)葡萄牙人，西曆一六三四年(崇禎七年)來華，一六六六年，歿於廣東，所著之書，有原染虧益身後編及老人妙處教要等。

瞿西滿(Simonda Cunha)葡萄牙人，西曆一六二九年(崇禎二年)來華，一六六〇年九月，歿於澳門，著經要直指一書。

殷宏緒(Frdncois Zavier Dentrechlles)法蘭西人，西曆一六九八年(康熙三十七年)來華，一七四一年歿於澳門，著主經體味逆耳忠言莫居凶惡勸及訓慰神編等書。

聶若望(Jean Duarte)西曆一七〇〇年(康熙三九年)來華，著八天避靜神書。

費奇規(GasparFerreire)葡萄牙人，西曆一六〇四年來華，著有振心諸經周年主保聖人單及玫瑰經十五編。

費樂德(Roderic de Figueredo)西班牙人，西曆一六二二年(天啟二年)來華，一六四二年十月九日，歿於開封，著念經總牘聖教源流及念經勸等書。

伏若望(Joas Fraes)葡萄牙人，西曆一六二四年(天啟四年)來華，一六三八年七月二日，歿於杭州，著五傷經禮規程善終助功及苦難禱文。

傅汎際(Francisco Furtado)葡萄牙人，西曆一六二一年(天啟元年)來華，一六五三年二月一日，歿於澳門，著有名理探及寰有詮等書。

何大化(Antonio de Gouvea)葡萄牙人，西曆一六三六年(崇禎九年)來華，一六七七年二月十四日，歿於福州，著蒙引要覽。

賈宜睦(Gerommo de Gravina)意大利人，西曆一六三七年(崇禎十年)來華，一六六二年九月四日，歿於漳州，著提正編及辨惑論。

聶仲遷(Adrien Greslon)法蘭西人，西曆一六七五年(康熙十四年)來華，一六九七年三月，歿於贛州，著古聖行實。

德瑪諾(Romain Hinderer)法蘭西人，西曆一七〇七年(康熙十六年)來華，一七四四年八月四日，歿於南京，著與彌撒功程，

殷鐸澤(Prospero Intorcetta)意大利人，西曆一六五九年(順治十六年)來華，一六九六年十月三日，歿於杭州，著耶穌會例西文四書直解及泰西殷覺斯先生行述。

戴進賢(Ignace Kogler)日耳曼人，西曆一七一六年(康熙五十五年)來華，一七四六年三月二十九日，歿於北京，著曆象攷成後編儀象攷成及璣衡撫辰儀記。

安文思(Gabriel de Magalhaens)西曆一六四〇年(崇禎十三年)來華，一六七七年五月六日，歿於

北京，著有復活論。

衛匡國(Martino Martini)匈牙利人，西曆一六四三年(崇禎十六年)來華，一六六一年歿於杭州，著有真主靈性理證及述反篇。

孟儒望(Joao Monteiro)葡萄牙人，西曆一六三七年(崇禎十年)來華，一六四八年，歿於印度，著有天學略義天學辨敬錄及炤迷鏡等書。

穆迪我(Jacques Motel)荷蘭人，西曆一六五七年(順治十四年)來華，一六九二年六月二日，歿於武昌，著有聖洗規儀。

衛方濟(Francois Noel)比利時人，西曆一六八七年(康熙二十六年)來華，一七二九年九月，歿於Lille，著有人罪至重一書。

白多瑪(Hortis Ortiz)西班牙人，西曆一六九五年(康熙三十五年)來華，著有聖教功要及四絡略意。

巴多明(Domimque Parrenin)法蘭西人，西曆一六八九年(康熙三十八年)來華，一七四一年九月二日，歿於北京，著有濟美篇及德行譜。

徐日昇(Thomaz Pereyra)西班牙人，西曆一六七三年(康熙十二年)來華，一七〇八年十二月二十四日，歿於北京，著有南先生行述及律呂正義續篇。

馬若瑟（Josephmarie de Premare）葡萄牙人，西曆一六八九年（康熙三十八年）來華，一七三八年九月十七日，歿於澳門，著有聖若瑟傳及楊淇園行蹟。

羅如望（Joao da Rocha）葡萄牙人，西曆一五八九年（萬曆十六年）來華，一六二三年三月歿於杭州，著有天主聖教啟蒙　啟蒙　天主聖像略說。

盧日滿（Francois Rougemont）荷蘭人，西曆一六五九年（順治十六年）來華，一六七六年二月四日，歿於漳州，著有要理六端天主聖教要理及問世編。

羅明堅（Michaele Ruggieri）意大利人，西曆一五八一年（萬曆九年）來華，一六六七年五月二日，歿於澳門，著有天主聖教實錄。

利安寧（Manuel de San Juan Bautista）西班牙人，西曆一六八五年（康熙二十四年）來華，一七一〇年三月十日，歿於北京，著有破迷集及聖文都辣聖母日課。

利安定（Augustin de San Poscual）西班牙人，西曆一六七〇年（康熙九年）來華，著有永福天衢及天成人要集。

利奧圖（Antonio de Santa Maria）西班牙人，西曆一六三三年（崇禎六年）來華，一六六九年五月十三日，歿於廣東，著有正學鏐石。

曾德照(Alvaro Semedo)葡萄牙人，西曆一六一三年(萬曆四十一年)來華，一六五八年五月六日，歿於澳門，著有字攷一書。

林安多(Antonio de Silva)葡萄牙人，西曆一六九五年(康熙三十四年)來華，著有崇修精蘊一書。

蘇如漢(Joao Soeiro)葡萄牙人，西曆一五九五年(萬曆二十三年)來華，一六〇七年八月，歿於澳門，著有聖教約言。

德瑪諾(Monoel Tellez)葡萄牙人，西曆一七〇四年來華，一七三三年歿於饒州，著有顯像十五端玫瑰經。

杜奧定(Augustin Tudeschini)日奴人，西曆一五九八年(萬曆二十六年)來華，一六四三年，歿於福州，著有渡苦海蹟記及杜奧定先生東來渡海苦跡。

萬濟谷(Francisco Varo)西曆一六五四年(順治十一年)來華，著聖教明證一書。

熊三拔(Sabatthinus de Ursis)意大利人。西曆一六〇六年(萬曆三十四年)來華，一六二〇年五月三日，歿於澳門，著有泰西水法表度說及簡平儀說等書。

## 四　日本西學發達之原因

昔日本德川幕府，抱鎖國主義，恐耶蘇教之傳播，禁讀外國書籍，故日人之學歐西言語文字者絕少，傳入者惟砲藥之製法，射擊之術，及植物栽培之方耳。當時雖有西玄甫之譯葡萄牙之天文書，嵐山甫安之譯和蘭醫書，而繼起無人，一六九〇年後。桂川甫筑以通曉和蘭醫術，為幕府醫員，西川如見以精通天文曆算地理諸學，著華夷通商攷，新川白石著西洋紀聞及采覽異言，於是日人漸知西事，然譯解西書之人，尚不多覯，至一七二〇年，將軍吉宗解西書輸入之禁，召西川如見，問以天文曆算之術，擢青木文藏任以發達西學之責，而後西學日見發達矣。文藏者，吉宗之圖書吏也，見官藏之和蘭書而欲讀之，吉宗遂其志，並命通譯西善三郎吉雄幸作等學和蘭文，同時中津藩醫前野良澤亦從文藏遊，文藏所著有和蘭文字略及和蘭話譯等書。文藏沒，良澤與西善三郎吉雄幸作等交，復與若州小濱之藩醫杉田玄白及桂川甫周等同志，讀解剖書，歷時四載，易稿十一，於一七七四年，而成解體新書，自此以後，蘭學愈見發達，大規玄澤從良澤玄白遊，著蘭學階梯。一七七五年，和蘭醫士登培至日，攷察日本之事物，一七七九年，一塞克帖精為甲必丹探察日本之風土，內外人士，互相研究，於是習電機學者，有平賀源內，論海防者，有林子平，修洋畫及銅刻之術者，有司馬江漢，精和蘭醫者，有宇田川玄隨。一七九三年後，日人求達海外情勢之念益熾。玄澤鼓吹蘭學，以和蘭文法示世，伊能忠敬據西法測量術，實測沿海。高橋作左衛門足立左內修天文學，馬場佐十郎就俄俘古路文學俄語，桂川甫周著萬國圜説，北槎聞略，山村才助增訂采覽異言，西洋雜記，大規玄澤著環海異聞北邊探事，而西學蔚然矣。至一八三三年，德人希白耳(Siebolk)精通博物醫學，遊學長崎，相繼而至者亦漸衆，故西洋科學，研究者多，青地林宗譯氣海觀瀾一書，倡西洋窮理之學，宇田川榕庵據林諾司之綱目，著植物啟原及舍密開宗以倡植物化學，鈴木春山譯三兵活法論西洋兵則，村上英俊習法語，藤井三郎習英語，自為一家，一八五三年，美軍艦至日，要求正式修通商條約，幕府亦鑑於時勢，一切藝術，均有趨於西洋之勢，於是使江川下曾根等，演習砲術，勝麟太郎矢田掘景藏，習航海轉運之術，一八五六年，幕府改翻譯局為蕃書調所，任箕作阮甫杉田成卿為教官，大倡西學，一八六〇年，遣新見正興村垣範正赴美攷察。一八六二年，遣留學生於和蘭，並築洋書調所於橋門外，建語學所於長崎，修英法蘭俄等語外，兼修中國語文，當時人民因西學之輸入，歐化之激盪，一變其思潮，而伏維新運動之基矣。一八六七年，明治天皇即位，其宣誓條文第五條曰，「求知識於世界，大振作皇基」，可知其力求物質文明之速進，一八七一年，命岩倉具視為大使，遊説歐美，謀改條約，大久保利通木戸孝允伊藤博文等，五十餘人隨行，一八八二年，復命伊藤博文赴歐美攷察憲政，於是實行立憲，大興教育，福澤諭吉等，復提倡民主主義之精神，一掃武士時代之風氣，遂致西學發達之速，電掣星馳，一日千里，為世界之强國，與歐美相頡頏，我中國望塵莫及，能不愧哉？

## 第五章　風俗之移人

風俗者，因時因地而轉移也，由時間言之，則古今不同，宜於古者，未必合於今，由地理言之，則各國不同，行於彼者，未必便於此，故風俗之敦薄有定形，美惡有定論。吾人當詳加觀察，取長補短，不宜見異思遷，竭力仿傚，今日者，六洲之交通頻繁，中外之人民雜處，風俗習慣，因之而一變矣。用將歐西之普通習俗，流行於亞洲者，舉要述之：

### 一　生活之狀態

#### 甲　衣

西人衣料多用上等毛呢，售價頗昂，至於西裝格式，我國穿者甚多，不必詳述，總之衣服必須整潔，平日有常服，禮拜有禮拜服，跳舞亦有禮服，會客須着晚禮服，男子服色多深雅，女子服色多鮮艷，男女一律戴帽，帽制亦殊，入室則冬令亦必脫去露頂，出則夏令亦必須加於項上，寢必有衣，長與身等，有袖無襟，男女均着革靴，女子所着者較窄小，後底甚高，在屋內時，多着綢緞色履，間有綉金綵者，婦女往往用堅硬之布縛其腰腹，視金鋼鑽等裝飾品，為不可少之物，面傅白鉛，脣施紅脂，眉塗黑墨，我國人競相效法，男子以着化裝為美觀，女子則脫纏足之惡習，而着高跟之革履，而不知高跟革履之不合衞生也。

乙 食

西人以豬肉為不潔，鮮有食者。每日茶點兩次，大餐兩次，茶點則以牛乳白糖攙和咖啡紅茶之內，各具饅頭，以牛油餅佐之，大餐各奉饅頭；先湯後菜，湯以牛雞湯為常，甲魚湯為貴，次以羊肉魚鵝雞鴿等，又進牛餅及乾點水果，最後殿以咖啡；至於蔬菜，皆生食，水浸瀝乾後，以蔴油鹽醋拌之，而飲食器皿，亦各有用法，如勺專用以飲湯，刀專用以切物，叉之用最廣；食時以物就口，不以口就食，食不出聲，彼此投契，則舉酒杯相碰，硜硜有聲，一飲而盡，即為祝頌平安之意；對於食物之滋養料，家中均有專書備查，因人之工作愈重，則費熱愈多，不得不藉相當之滋養料以補充之，如牛乳一百格蘭姆中，含脂肪四格，蛋白質三•三格，糖五格，按脂肪每格可生熱九加陸留（Calories），蛋白質及糖，每格可生熱四加陸留，故飲牛乳百格，可增體溫六九•二加陸留，如身重一五零磅之人，每日作劇烈工作八小時，其所費熱力為三六〇〇加陸留，則食物方面不可不加以研究，西人之注意食物，實令人欽佩也。

丙 住

西人宅前多有草地，宅外則遍蒔花木，窗戶四具，空氣流通，入其中者，如遊小花園，一切佈置，均含有科學意味，門首置有電鈴，客來按之，可代通報，光明之電燈，必裏以五色之綢，以防目光之受損，飲水及用水，有冷熱之自來水管，室內常保持一定之溫度，夏則裝置電扇，冬則有火爐及熱水氣之裝置，日常應用之物，均有一定位置，歷久而勿亂，每日工作八小時，運動八小時，睡眠八小時，均有一定時間，不相侵犯，一家以一夫一婦為主，在家時，夫亦受妻管轄，惟對外則全屬夫之權限，家內一切開支，公共者由夫負責，雖愛情任何甜蜜，其資產仍各人分開，不置一處，夫不奪妻子分毫，凡有租居房屋者，房金全歸主婦收取，其私人金錢，多以未婚時之姓名儲於銀行，以備一旦離婚之用也，家庭間既各自獨立，故天倫間感情極薄，往往有至親骨肉，而視同陌路者，未免不近人情也，男子成人結婚後，即與父母析居，父僅與以相當之銀錢為謀生資本，其餘產業 歸父母管理，死時始分配，甚有悉數捐入公共事業，以垂其名於久遠者，爭攘產業之事甚少，由此觀之，西人之有獨立性而無依賴性，實為可取，惟天倫間之感情太薄矣。

丁　行

西人相偕入市，必聯袂並行，不參差前後，遇婦女則讓之，如坐於電車或公共汽車中，見婦女來乘，擁擠時，則必讓坐，行路多靠道右，左顧右盼，即為不尊，公共地方不吐痰，欲吐則必於陰溝內或手帕中，車內吐痰，即拘局罰金，咳嗽呵欠，亦須以手或手巾掩之，走路有一定目的地，徘徊躑躅於道路，則受警察之干涉，途中遇客，有鞠躬，握手，點頭等禮，舊交握手，新交鞠躬，大陸風俗則舉帽，遇流品較低及未成丁之男孩，則點頭而已，其男女愛情濃厚達高度者，並有接吻之舉，此不獨夫婦為然，凡天倫中有遠行者，均於輪埠及車站送別時行之，故接吻為一種儀式上之習慣，少年人與老年人亦行，惟此種儀式，殊足為傳染病之媒介，不合衛生耳。

### 戊　娛樂法

西人勤儉耐勞，不及華人，而精神活潑，則華人不及；多抱樂觀主義，娛樂之法，無微不至，各處之電影院、跳舞場、彈子房、跳冰場、遊戲場等，擁擠異常，電影院之設立最多，遊戲場有兩種，即公共遊戲場及跑馬場；彈子房為男子娛樂之處，絕少女子蹤跡，實為男子賭博，吸煙，飲酒之處；跳舞之地有二，一為Dancing academies，乃跳舞學校也，日間由教師教授男女學生跳舞，夜間則每星期開跳舞會。一為Public dancing halls，乃公共跳舞場也。日夜均有跳舞，并佐以音樂　內雇有舞女，供遊客選擇偕舞之用，跳後即相率宴飲，費多數金錢不惜也。

## 二　社會之禮俗

### 甲　婚姻

西俗男女均權，女子之嫁也，二十二歲以前(有者定爲十八歲以前)父母可以主之，踰此年齡，可以自由。父母有擅奪其權者，可起訴於官，跳舞、吃糖果（Candy）及音樂、歌曲、騎馬、拍球、拍照等，均爲女子應具之常識，溫柔活潑，且有自立能力，無專依賴丈夫之心，惟奢侈異常，愛財心甚重，多有妙齡女郎而嫁龍鍾老叟者，男女結婚，須經訂婚之手續，多爲一夫一妻制，訂婚之手續甚簡單，雙方祇須以訂婚日期，報告親友，或刊載報端，親友等饋送禮物，以表賀忱，於此訂婚期中，雙方苟有意見不合，其婚約可立即解除，不爲怪也。經訂婚手續後，即爲正式結婚，先至市政廳取結婚憑照，申明志願，並納相當之結婚費，照上註明兩人之姓名，年歲，住址，及結婚日期，結婚地點，證婚人之姓名，並蓋指印證；至結婚日期，則親友咸來道賀，隔日即開始蜜月旅行，以後每年以結婚之日期，爲結婚紀念日，惟每年離婚之案甚多，旦合夕離，相習成風，昔以法國爲盛，今則推美，往往因細故而離婚，女子一嫁再嫁，皆不爲怪，美國近二十年來，離婚案竟至三百七十六萬七千件之多，甚至離婚至七八次者，其離婚後無依之兒童，有五十萬。離婚夫婦之總數，有五百五十八萬五千餘云。

乙　喪葬

西俗喪服以黑，有喪則名刺概用黑色鑲邊。婦女則以黑紗長垂腦後，人死後，有專營喪之事者。名Funeral director，凡人既死，即往彼處報告，由彼代辦棺木，量屍身之大小，以定所需之材料，棺頭有一銅牌，即記死者之姓名年歲及死亡日期，當喪家報告時，彼即以臨時之棺車來裝屍體，一絲不掛，置於黑暗之冷室中，如在夏日，則室內滿貯以冰，待棺成而後納之，既斂棺中，則遷至禮拜堂，由牧師為之懺悔，然後葬入公共之墳地，赴葬時，陳棺汽車上，加花圈，親友弔禮，亦以花圈為多，未葬前，經理人先命工人至葬處掘穴，穴較棺稍大，葬時，牧師及死者之親友，均繞穴而立，然後以棺放穴中，先由牧師誦經，繼由親友唱詩，並各以泥一撮，置於棺上，然後封之，葬畢，即以花圈置諸墓上，墳墓經政府立案，永不移動。每年出資若干，有人看管，墳之四周，種有花草，時以鮮花供奉焉。

### 丙　宴會

會客時間，多在下午，早間非急要事，決不往訪，普通晤談時間，不過久，座客聚談，不及穢物，對婦女尤宜注意，倘談及糞穢或悲傷死亡等事，必羣相駭異，甚有避席而行者，讌飲之外，又有茶會，富商顯官，時時行之，期前邀請男女親友，既集則設茶糖牛乳及餻餅等，以佐清談，更舉行跳舞，由主人派定某男與某女，雙雙離席，雖素不相識者，亦可偕共跳舞焉。

# 第六章　歐風東漸後最近之形勢

## 一　歐西各國在亞洲之殖民地現勢

總計各國殖民地面積，占全世界五分之二，人口占全世界三分之一，其中在亞洲者占多數，蓋亞東一隅，已為衆矢之的，而各國勢力之發展，皆以殖民地之多寡為標準，亞洲除中國日本暹羅波斯土耳其及阿富汗尼泊爾阿曼阿剌伯回教國等為獨立國外，幾盡為歐西各國之殖民地矣；外患若此，剎牀及膚，可不思乎？茲將歐西各國，在亞洲殖民地之面積（均以方哩為單位）與人口，（均以千為單位）分述於下：

1. 英吉利

甲　印度帝國（包括緬甸俾路支）

| | |
|---|---|
| 面積 | 一、八〇五、三三二 |
| 人口 | 三一八、九四二 |

乙　不丹

| | |
|---|---|
| 面積 | 二〇、〇〇〇 |
| 人口 | 二五〇 |

丙　錫蘭

| | |
|---|---|
| 面積 | 二五、三三一 |
| 人口 | 四、五〇五 |

丁　海峽殖民地

面積　一、六〇〇

人口　八八四

戊　馬來聯邦

面積　二七、五〇六

人口　一、三二五

己　馬來屬邦

面積　二二、四八六

人口　一、一二三

庚　婆羅洲

面積　七七、一〇六

人口　八八三

辛　塞浦路斯島

面積　三、五八四

第六章　歐風東漸後最近之形勢　一三三

人口　三一一

壬　亞丁

面積　九、〇〇〇

人口　五五

癸　外約但(英保護)

面積　九、三三〇

人口　二四〇

此外又有借租地及國際委任統治區

香港(租借地)

面積　三九一

人口　六二五

伊及克王國(國際委任統治區)

面積　一四三、二五〇

人口　二、八四九

巴拉斯坦(國際委任統治區)

| | |
|---|---|
| 面積 | 九、〇〇〇 |
| 人口 | 七五七 |

2.法蘭西

甲　印度支那(即越南)

| | |
|---|---|
| 面積 | 二五六、八七八 |
| 人口 | 一九、七四七 |

乙　印度五地

| | |
|---|---|
| 面積 | 一九六 |
| 人口 | 二七七 |

丙　叙利亞(國際委任統治區)

| | |
|---|---|
| 面積 | 六〇、〇〇〇 |
| 人口 | 三、〇〇〇 |

3.俄羅斯

甲　西伯利亞

面積　四、八八六、〇〇〇

人口　一五、〇〇〇

乙　中亞細亞

面積　一、六四八、〇〇〇

人口　一九、〇〇〇

丙　外高加索

面積　七四、二四〇

人口　五、四二一

4. 荷蘭

荷屬東印度

面積　七三三、六四二

人口　四九、三五〇

5. 葡萄牙

甲 印度三地

| | |
|---|---|
| 面積 | 一、六五八 |
| 人口 | 五四八 |

乙 渧汶島東部

| | |
|---|---|
| 面積 | 七、三〇〇 |
| 人口 | 三七〇 |

丙 澳門

| | |
|---|---|
| 面積 | 四 |
| 人口 | 七五 |

6. 美利堅

斐利賓羣島(已許獨立但尚末完全脫離美國統治)

| | |
|---|---|
| 面積 | 一二八、〇二六 |
| 人口 | 一〇、三一四 |

## 二　歐西各國在華之權利

中國居太平洋之濱，有三千餘萬之土地，四萬萬餘之人口，土壤之沃，氣候之良，罕有倫比，乃近百年來，內政不修，外侮日亟，自鴉片戰爭而後，每一交涉事件發生，則多受一次壓迫，種種權利之損失，實堪浩歎，謹分述於下：

1. 英吉利

甲　租借權

租九龍半島及附近島嶼

乙　不割讓優先權

一、不割讓舟山羣島與長江沿岸之地與他國

二、不割讓孟連江洪地方與他國

丙　對於西藏之優先權

一、不准租讓其土地

二、不准他國干涉西藏一切事宜

三、他國不許派員入藏
四、路電礦等利權不許他國享有
五、不得以經濟收入權作抵押品

丁 對於鐵路之借款及投資優先權

一、廣九鐵路
二、北寧鐵路
三、滬杭甬鐵路
四、道清鐵路
五、浦信鐵路
六、京湘鐵路
七、沙興鐵路
八、雲大鐵路
九、川粵漢鐵路（與德法美共有借款及投資權）
以下諸鐵路均有借款及投資權

十、京滬鐵路

十一、津浦鐵路

以上三路有借款權

十二、平漢鐵路投資權(與法國共有)

### 2.法蘭西

甲 鐵路權利

一、龍州鐵路經營權

二、南寧鐵路敷設權

三、廣州灣鐵路經營權

四、欽渝鐵路借款及投資優先權(與比利時共有)

五、正太鐵路投資權

六、平漢鐵路投資權(與英共有)

七、川粵漢鐵路借款及投資權(與德英美共有)

乙 採礦及電信權

一、福建省邵汀泉一帶礦山採掘權

二、貴州省龍女洞礦山採掘權

三、貴州省思南附近之銀礦及銻礦採掘權

四、雲南省雲南臨安開化楚雄四府及元江永北一帶礦山採掘權

五、廈門至西貢海底線權

### 3. 美利堅

甲 鐵路權利

一、豐鎮寧夏蘭州間衡州南寧間杭州溫州間及瓊州樂會間等鐵路敷設權

二、川粤漢鐵路借款及投資權(與德英法共有)

乙 採礦及電信權利

一、陝西延長縣及熱河石油採掘權

二、湖北漢羅山煤礦採掘權

三、馬尼剌至上海海底電線所有權

### 德意志

5.比利時

鐵路權利

一、津浦鐵路借款及投資權

二、川粤漢鐵路借款及投資權

5.俄羅斯

鐵路權利

一、隴海鐵路借款及投資權

二、同成鐵路借款權（與法共有）

7.丹麥

鐵路權利

一、正太鐵路借款權

二、滇黑鐵路借款及投資權

電信權利

長崎上海間上海廈門間廈門香港間香港上海間上海芝罘間芝罘大沽間之海底電線權

此外各國在華所開設之銀行，如匯豐、麥加利、花旗等，均有紙幣行使權，茲將各國之在華主要銀行分列於下：

| | | |
|---|---|---|
| 麥加利（一八五三年立） | 資本 | 二、〇二〇、〇〇〇磅 |
| 匯豐（一八六七年立） | | 一五、〇〇〇、〇〇〇磅 |
| 有利（一八九二年立） | | 七五〇、〇〇〇磅 |
| 東方匯理（一八七五年立） | | 二五〇、〇〇〇法郎 |
| 花旗（一九〇一年立） | | 八、五〇〇、〇〇〇法郎 |
| 荷蘭（一八四四年立） | | 七〇、〇〇〇、〇〇〇法郎 |
| 華比（一九〇三年立） | | 五〇、〇〇〇、〇〇〇法郎 |

## 三　歐西各國在華租界之概況

租界者，仍為中國領土，其外人之執有地產權者，仍須繳納地稅於中國政府也。自一八四二年，中英訂立南京條約後，英人得寄居廣州福州廈門寧波上海五處，繼又規定於通商各口，由地方官知會領事，指定地點房屋，備外人之居住與貿易，此種劃定專界，即所謂租界是也。其後各國在華之租界甚多，各處租界，每由一國單獨享受，往往一口之内，有租界多處，英美二國租界，於一八五四年，合而為一，稱公共租界焉。至今租界之收回者，已有多處，然延遲未還者，占有大部份，而租界之害，足以損中國之主權，妨中國之内政，如不准中國軍隊，經過租界，及中國政府，施其裁判權於中國人民之住租界者是也。如此情形，何異一國之内，另設一國乎？用將歐西各國在華之租界，分列於下：（已收回者不列入）

（租界面積依日量法計算之）

一　上海　公共租界．法租界（面積為〇〇一三九八坪）

二　天津　英租界（面積為一一三四六〇〇坪）　法租界（面積為三九三三九〇坪）

意租界（面積為一四一〇九三坪）

三　廣州　英租界（面積為四二八四六坪）　法租界（面積為一一〇一八坪）

四　廈門　公共租界

五　漢口　法租界（面積為一〇九二八六坪）

此外福州寧波蕪湖長沙等處，則皆係公共居留地也，租界面積之比較，英為第一，法居第二。

（完）

# 歐風東漸史

每冊實價五角



中華民國二十六年二月初版

著作者　蔣廷黻

出版者　馮肇樑

發行者　普益書
上海蓬萊路安樂坊

總代發行

承印者

（各埠各大書局均有經售）